UMA JORNADA INTERIOR

SARA MARRIOTT

UMA JORNADA INTERIOR

(FROM THE CENTRE)

Tradução
de
NAIR LACERDA

EDITORA PENSAMENTO
São Paulo

Título do original:
From the Centre

Edição	Ano
-4-5-6-7-8-9	-92-93

EDITORA PENSAMENTO
Rua Dr. Mário Vicente, 374 – 04270 São Paulo, SP –

Impresso em nossas oficinas gráficas.

À Bertram e à minha Irmã,
cujo amoroso apoio sempre
me deu coragem, força
interior e alegria de viver,
e aos muitos que lançaram
luz em meu caminho.

SUMÁRIO

PREFÁCIO À EDIÇÃO BRASILEIRA

Quando este livro chegou-me às mãos, em sua edição original inglesa, recebi um impacto antes de folheá-lo. O efeito do impacto perdurou por muitos dias e quando, semanas depois, comecei a ler os primeiros capítulos, a energia em mim estimulada confirmou sua presença; e, ao ler trechos mais longos, tomei notas cujo conteúdo trabalhou profundamente em minhas reflexões, levando-me por fim ao silêncio.

Este livro, que transcreve informalmente experiências de Sara Marriott em meditações, partilha um quadro direto e claro das suas vivências internas, com dados práticos que servem de inspiração.

Algo importante está sendo redescoberto pelo homem moderno: ele está reencontrando as chaves mais simples para sua vida espiritual. O contato do homem com os seus núcleos mais profundos de energia é a maior necessidade de hoje, uma época de transição na qual muitos valores estão cedendo aos novos rumos planetários e da humanidade.

Neste livro extremamente criativo, os núcleos mais atuantes da consciência interna do Ser são chamados de "guias internos", ou "instrutores internos", e são identificados no texto por iniciais, tais como "A", que indica a presença viva do Eu Superior da autora; "R", que simboliza o Ser inspirador da Evolução Angélica; e "C", que simboliza um seu aspecto interno ainda mais profundo que "A".

O livro é um convite e um estímulo à prática da meditação: "A chave que gradualmente começou a abrir a porta da minha aceitação consciente da ajuda que estava sendo oferecida, era a de nunca faltar à comunhão com o Eu Superior cada manhã, numa hora determinada. Mesmo em um avião voando sobre o Atlântico, ou numa movimentada estação de trem, o contato nunca foi perdido", relata Sara em sua partilha.

Alguns termos brotaram no texto original com força intraduzível, tais como *guidance*, que foi traduzido por "orientação", querendo exprimir inspiração proveniente dos níveis profundos do Ser.

Insight, em certos trechos do livro, foi traduzido por "percepção", querendo exprimir aquele rapidíssimo momento no qual algum ponto obscuro torna-se claro no íntimo de um indivíduo.

Quando reli este livro, ele evocou em mim novos estados; estimulou-me o amor pela síntese, pelo essencial, pelo pensamento positivo diante da Vida. O processo espiritual de um indivíduo é um fato simples e direto, e este livro desmitifica uma série de dificuldades imaginárias que os estudantes geralmente alimentam em si mesmos, influenciados por algumas tradições.

Trigueirinho
1984

INTRODUÇÃO

Lançando luz sobre as nossas vidas, há uma essência de beleza e excelência que é freqüentemente expressa sob formas desconhecidas de nossa mente ativa. Essa qualidade existe em todas as pessoas, por mais oculta que possa estar. A incredulidade e a dúvida são como as nuvens que nos protegem contra uma exposição demasiado direta ao poder dessa qualidade, antes que tenhamos condições de usar com discernimento as suas energias. Captamos vislumbres da beleza e dos mais profundos impulsos da vida quando permitimos que eles se insinuem em nossa consciência, talvez ao contemplarmos um glorioso amanhecer, ao ouvirmos algum trecho de música que provoque lembranças profundas, ao sentirmos um momento de supremo amor, ao fitarmos os olhos confiantes de uma criança ou o coração de uma flor. Vemos essa essência guiando a vida daqueles que revelam esta qualidade especial em seu trabalho, na atenta percepção das carências alheias ou na dedicação a um impulso criativo. Quando começamos a abrir caminho para essa qualidade, percebemos que ela traz consigo uma responsabilidade que, de início, talvez não desejemos aceitar.

Algumas pessoas se mostram ansiosas por assumir riscos, desejosas que se sentem de se tornarem pioneiras em áreas desconhecidas à nossa consciência. Outras, mostram-se interessadas em assistir a aventuras, como pela televisão, permanecendo no conforto da rotina que conhecem, que lhes torna a vida mais segura. Desde muito cedo em minha vida tenho sido uma pioneira que se aventurou a responder aos impulsos dessa essência e a seguir por um túnel longo e escuro em direção à distante centelha de luz no centro de minha consciência.

Neste livro, *Uma jornada interior (From the Centre)*, compartilho, com aqueles que se interessarem, uma pequena parte dessa aventura. Muitos têm caminhado comigo em espírito durante grande parte dessa experiência de meditação e alguns podem lembrar-se disso e sentir-se familiarizados com o seu próprio "Centro".

As palavras são totalmente inadequadas para lhes transmitir a realidade e a visão dos Instrutores Internos, que me conduziram, guiando-me e guardando-me a cada passo do caminho. O seu amor e sua sabedoria foram tão grandes que amiúde me senti elevada acima da habitual dualidade das normas da vida.

Eles usaram de todas as brechas que eu permiti que se abrissem em minha mente cheia de dúvidas, hesitante, relutante; eles me acudiram, alegremente, quando lhes pedi auxílio para compreender por que estou aqui, neste planeta, nesta Comunidade de Findhorn, ou mesmo neste meu corpo terreno.

Crescer diariamente, participando das vidas da família Findhorn, tem sido uma experiência preciosa e um grande privilégio, pois é nessa atmosfera confiante e amorosa que ocorreu grande parte desta aventura, tanto na minha meditação quanto em minha vida. Precisei abandonar as interpretações equivocadas de toda uma existência, tendo de superar as imagens limitadas de padrões arcaicos de muitos anos. Descobri uma expansão gradual da percepção juntamente com uma responsabilidade maior pelas minhas ações, até mesmo quando a própria Findhorn cresceu em estatura e clareza e se expandiu, para levar muitas pessoas, em muitos países, a compartilharem da sua vida.

Aqui, nos amorosos espelhos que me foram mostrados nos workshops, na meditação e no trabalho de aprender a pôr em ação princípios espirituais em todos os momentos, um mundo novo se abriu. Nessa experiência, adquiri força interior e saúde, a percepção da realidade do poder curativo do amor mais elevado e uma profunda fé na abundância de Deus e na sua capacidade de cuidar das nossas necessidades. A fé surgiu com os Instrutores Internos, que me guiaram, através da meditação, da escuta interior e dos sonhos, e pela descoberta de algumas das respostas compartilhadas por outros.

Do centro do meu Ser, do centro do Templo da Totalidade na minha meditação, do centro de Findhorn, onde no correr dos anos tanto se aprendeu, eu partilho essas centelhas da aventura interior.

Possam aqueles que lerem este livro sentir-se auxiliados na descoberta e no fortalecimento da amável e crescente percepção da vida na sua totalidade. Nas ocasiões em que se sentirem solitários, possa a elevação do espírito, no jubiloso reconhecimento de muitas experiências compartilhadas, aquecer seus corações com um amor compreensivo, lançar luz sobre o caminho, através do labirinto da vida e levar à sua vida a maravilhosa realidade oculta em todos nós.

CAPÍTULO I

UMA JORNADA INTERIOR

"Cada um de nós tem um Eu Superior, que nos ama com perfeito e incondicional amor e está sempre ansioso para nos ajudar, abrindo caminho."

Lembro-me claramente da primeira experiência, quando recebi auxílio através de um sonho, tive um conhecimento interno e ouvi uma voz interior. Isso aconteceu durante um período de repouso forçado e silencioso.

O impacto de ficar subitamente acamada com pneumonia foi bastante assustador, pois ocorreu numa época de boa saúde e animado serviço, embora tenha se transformado numa das mais radiantes experiências de minha vida. Acordei, certa manhã, tomada por violento acesso de tosse. A cabeça e a garganta estavam desobstruídas e tudo parecia bem até que começei a ouvir um som rouco no meu lado esquerdo. Como o som continuasse até a noite, não me deixando dormir, finalmente, rezei, pedindo auxílio. Amanhecia quando adormeci e tive este sonho:

> Eu estava dirigindo um carro rumo a uma grande cidade. Sendo americana e não tendo dirigido por muitos anos, considerei uma sensação frustrante dirigir aquele carro inglês, com sua direção à direita, principalmente nas curvas, quando tinha que virar à esquerda em vez de à direita. À medida que o trânsito aumentava, fui ficando confusa e amedrontada. No momento em que dirigir se tornou assustador, descobri que havia um homem sentado a meu lado e uma sensação de harmonia e grande bem-estar me envolveu. Ao olhar para aquele homem amistoso, percebi que era ele quem estava dirigindo, tendo passado o volante para o seu lado. E quando, surpreendida, indaguei como fizera aquilo, ele respondeu, com um sorriso: "Todas as coisas são possíveis."
>
> Foi um grande alívio ver-me transportada através daquele trânsito pesado. Perguntei-lhe se ficaria comigo e dirigiria o carro. Senti a radiância do seu perfeito amor quando me disse: "Sempre estarei com você e tomarei a direção todas as

vezes que você o permitir; mas, se você não pedisse, eu não poderia ajudá-la. Estamos juntos nesta atual aventura. Devemos dar a Ginger (esse era o nome do meu eu subconsciente) grande amor e auxílio, para reparar o dano que você causou, utilizando mal a energia que tínhamos posto à sua disposição. O corpo-veículo em que você viaja tem limites de velocidade e resistência. Nestes dias, você aprenderá muitas lições e o verdadeiro sentido da responsabilidade. Cercada pelos ternos cuidados, pela beleza e pela união dos Eus Superiores nessa excepcional família Findhorn, você será atendida em tudo aquilo de que necessitar."

Acordei com uma sensação de luz e amor derramando-se por todo o meu ser. Aquelas três semanas de pneumonia brônquica transformaram-se numa experiência de companheirismo feliz e de brilho interior. Eu me sentia repleta de revigorante gratidão pelos cuidados amorosos e pela participação das pessoas, pelos tesouros de sadia alimentação, pelos frutos e flores que me traziam. A ajuda prática e os bondosos desejos de pronto restabelecimento dos que me rodeavam vieram satisfazer a todas as minhas necessidades.

Durante esse tempo, a significação exata das palavras do meu Eu Superior – "a união dos Eus Superiores nessa excepcional família Findhorn" – tornou-se uma realidade tão viva que cada necessidade era realmente atendida sem que eu tivesse de pedir. Alguém tinha tratado de receber meu cheque de aposentadoria e eu estava ansiosa para pagar as minhas dívidas. Bárbara, uma amiga, apareceu certa manhã, e eu lhe pedi: "Se você encontrar Peggy, do escritório de contabilidade, peça a ela que venha me ver, quando puder."

Bárbara respondeu-me que ao meio-dia iria vê-la. Passados vinte minutos, chegou Peggy. Quando lhe falei que muito me alegrava por Bárbara ter-lhe pedido que viesse me visitar, Peggy afirmou que ninguém lhe dissera nada, que ela simplesmente sentira, de repente, que deveria vir. Passamos bons momentos juntas e pusemos as contas em dia. Então, Peggy perguntou: "Você gostaria de receber as gravações do Curso de Paul Salomon, já que agora não pode ler?" Como os meus olhos tinham se enfraquecido por causa da forte tosse, nada poderia ser melhor do que a tranqüila revisão daquele material. Senti, de novo, a profundidade da meditação, da oração e da compreensão da cura contidas nesse material. Quanto à responsabilidade e ao uso da energia, as lições tornaram-se mais claras. Quando eu tentava fazer coisas demais, era como se procurasse o volante para eu mesma dirigir e sentia o toque de aviso em meu coração e em minha mente. De certa forma, isso estava relacionado com o esplêndido progresso da comunidade de Findhorn nessa ocasião. No todo, havia melhor aceitação da responsabilidade, uma inteireza de espírito e atenção de um pelo outro. O "Universal Hall" (Salão Universal), construído como centro de reuniões, tornava-se mais bonito à proporção que ia sendo acabado. Para mim, esse edifício era um templo de luz.

Enquanto o templo do meu próprio corpo ia sendo reconstruído durante aquele tranqüilo período de recuperação, meu Eu Superior guiava com facilidade a minha vida. Certa manhã, muito cedo, quando meu corpo já se tornara mais forte, sonhei que não podia encontrar o carro no qual havíamos viajado. Senti-me abandonada, mas, procurando, finalmente encontrei meu Eu Superior à minha espera, em um veleiro sobre um lago. Vendo minha surpresa, esse esplêndido companheiro sorriu e disse: "Aqui há menos possibilidade de você querer assumir cedo demais a direção deste barco porque não tem prática de velejar."

Em minha meditação, alguns dias depois, encontrei-o à minha espera num helicóptero, o que, realmente, me manteve fiel ao meu pedido para que ele dirigisse ou guiasse a minha vida. Do seu ponto de vista mais elevado, mostrou-me que cada um de nós tem o seu Eu Superior, que nos ama com perfeito e incondicional amor e está sempre ansioso para nos auxiliar quando lhe pedimos ou nos tornarmos receptivos. Esses Eus Superiores enviam-nos raios orientadores todo o tempo e não apenas em ocasiões especiais ou em situações de emergência. Podemos ficar conscientes dessa orientação sempre que aprendemos a deixar de lado nossos negócios, nossas crenças limitadoras e nossas ilusões, e deixamos que a vontade desses Eus Superiores – nossa vontade real – tome conta de nossas vidas. Então, começamos a nos dar conta da ilimitada energia de que dispomos e a usamos com maior eficácia e satisfação no serviço ou no trabalho criativo que viemos realizar neste planeta.

Havia alguma coisa de familiar nesse companheiro Eu Superior, que me dava a sensação de que ele guiara por mim, muitas vezes, em minha vida. Grande parte do tempo da minha recuperação foi uma experiência nova em que me vi escutando tranqüilamente a voz do meu Eu Superior como a de um Instrutor Interno. Sob sua orientação, eu me aventurei a ir ao "salão da memória" para descobrir ali muitas coisas que não tinha entendido quando aconteceram. Percebi que em toda a minha vida houve momentos de necessidade em que pessoas tinham sido inspiradas para me darem assistência no momento exato. Através de sonhos, mais aceitáveis para minha mente cética, meu Eu Superior havia me guiado, muito antes que eu tivesse consciência da importância deles em minha vida. Num dos primeiros sonhos, que teve a clareza de uma visão, vi esse Eu Superior, ou parte supraconsciente do meu ser, numa luz branca e radiante junto a duas magníficas criaturas iluminadas e senti o grande amor e proteção com que estavam me envolvendo. Recordei, então, minha primeira experiência consciente de ajuda interior.

Foi há muitos anos atrás, quando, tendo me aposentado, eu estava passando o inverno na Espanha. Queria ir a uma conferência em Londres, no início da primavera, e dali ir visitar amigos e parentes na Inglaterra. Um casal mais idoso, que passara o inverno na Espanha, perguntou-me se eu poderia levá-los de volta para a Inglaterra, dividindo as despesas, o que tornava possível a viagem para mim. Eles estavam ansiosos para chegar em casa o mais depressa possível, pois o marido sofrera um distúrbio cardíaco. Assim, a pedido deles, dirigi mais rapidamente do que deveria. Tendo passado por uma região de muita neve ao norte de Madri, chegamos a Burgos já tarde, numa noite de tempestade. Eu estava exausta, com as costas e os ombros tremendo de fadiga. Quando me ajoelhei junto à cama para um momento de oração, senti que todas as células do meu corpo clamavam por ajuda e força que me permitissem levar aquele casal até o seu lar, em segurança. Deitei-me e caí em profundo sono.

> Vi-me erguendo os olhos e vendo duas pessoas entrarem em meu quarto. Uma delas aproximou-se de minha cama e disse: "Você pediu ajuda e viemos ajudá-la." O outro homem sentou-se numa cadeira perto de mim e tive uma profunda sensação de conforto que emanava deles. O homem que estava a meu lado deu-me as instruções que eu deveria seguir:
>
> "Quando começar a guiar esta manhã, segure o volante apenas com o polegar e as pontas dos dedos das mãos. Relaxe e deixe a direção para nós."

Disse ainda alguma coisa sobre o fato de as pontas dos dedos serem mais sensíveis, permitindo às mãos agarrarem o volante quando necessário. Enquanto ele falava, eu senti os raios curativos que vinham daqueles dois homens renovarem suavemente o meu corpo.

Quando estavam para sair, o homem ao meu lado colocou a mão sobre minha testa e eu senti uma energia vital encher meu corpo e minha mente; mas, quando tentei erguer a cabeça para lhes agradecer, acordei e não encontrei ninguém no quarto.

Sentindo-me tão bem como se tivesse passado um mês de férias, fui tomar o desjejum, certa de que o sonho não deveria ser mencionado. Estivemos ocupados com os preparativos para a partida, e foi somente quando saímos para a estrada que o sonho insinuou-se de novo em minha mente, exigindo atenção. Depois de sentir o efeito das instruções recebidas, vi que elas podiam ser seguidas. Manter o volante com as pontas dos dedos e os polegares pareceu-me estranho, de início, mas depois de alguns minutos eu controlava perfeitamente o carro. Havia um sentido de exato sincronismo, conforme entrávamos e saíamos do trânsito mais moroso. Naquele dia, 1.100 quilômetros se escoaram facilmente e chegamos a um lugar perfeito para passar a noite. No dia seguinte, percorremos sem dificuldade as estradas francesas, cobrindo aproximadamente a mesma quilometragem. Em dois dias percorremos uma distância que, conforme havíamos previsto, deveria levar duas vezes aquele tempo e, ao anoitecer, estávamos na balsa noturna para Southampton.

Na manhã seguinte, ao desjejum, um dos meus passageiros disse: "Você deve ter uma boa fada. Sabe como é o trânsito em Southampton, de manhã cedo? Você nunca dirigiu na Inglaterra."

As coisas se haviam passado tão depressa que eu nem sequer atinei com o fato de ter que dirigir do lado esquerdo da estrada, com tudo o que isso implicava. Ele continuou: "Nesta manhã não haverá trânsito, a não ser o dos carros que você seguirá na saída da balsa."

Era uma manhã de domingo e, na verdade, não havia trânsito a enfrentar; desta forma, aprendi a guiar com desembaraço na Inglaterra. Com profunda gratidão, compreendi que ou o meu Eu Superior, ou o meu Anjo da Guarda, estivera comigo todo o tempo e arranjara tudo perfeitamente.

Quando relembrei essa experiência, toda uma cadeia de lembranças se abriu. Por várias vezes, confirmou-se minha crença no cuidado afetuoso e protetor e no destemido espírito do meu Eu Superior. Minha experiência seguinte da certeza de sua ajuda veio alguns meses depois, quando eu estava dirigindo nos Estados Unidos. Eu decidira viver na Suíça, e havia retornado para vender minha casa transportável na Califórnia. Depois de percorrer facilmente a via expressa, que deixara pouco antes para visitar um parente, as luzes do trânsito ao sul de Chicago transformaram as dez milhas a serem percorridas dentro da cidade numa espécie de túnel, envolto numa noite tempestuosa; apesar de gostar muito de dirigir, ele me parecia interminável. Eram quase dez horas da noite quando, finalmente, alcancei a via expressa. Com uma sensação de alívio e um ímpeto de velocidade, decidi continuar a dirigir, antes de parar para passar a noite. Com essa decisão, uma coisa estranha aconteceu: acendeu-se uma luz vermelha no painel do carro e, embora a água e o óleo estivessem em ordem e eu contasse ainda com um tanque quase cheio de gasolina, o carro começou a perder força e velocidade, enquanto as luzes diminuíam de intensidade. Em quarenta anos de direção, eu jamais me defrontara com algo semelhante. Como houvesse uma rampa de saída bem à frente, conduzi o carro, já quase parando, para fora da via expressa, deixando que ele descesse livremente pela rampa; mas, no escuro, esta era uma posição perigosa. Usando minha lanterna, vi que havia um trecho gramado ao lado do pavimento e para lá pude empurrar o carro pedindo ajuda, com uma simples oração nos lábios e no coração.

As luzes de um posto de gasolina eram visíveis à distância e eu me pus a andar em sua direção. Em um minuto, um carro se deteve ao meu lado e uma voz de mulher falou: "Sou da Patrulha de Voluntários. Posso ajudá-la? Está sem gasolina?" Expliquei-lhe minha situação e a mulher pediu por auxílio. O homem que estava de plantão respondeu que logo estaria conosco. Eu nunca ouvira falar nessa Patrulha de Voluntários e aquelas pessoas me pareciam anjos da guarda vindo em meu auxílio.

Disse a mulher: "Eu nunca saio da via expressa neste trecho, mas esta noite me senti levada a sair para tomar uma xícara de café." Perguntou-me onde tencionava passar a noite e informou-me que, bem próximo dali, havia um motel agradável e pequeno e ensinou-me como chegar até lá ou me levaria caso o meu carro não funcionasse. Agradeci-lhe e, com a promessa de passar ali aquela noite, senti dentro de mim um profundo alívio.

Cerca de vinte minutos depois, chegou o homem do serviço voluntário, pegou as minhas chaves e, imediatamente, o carro funcionou. Para nossa surpresa, ele nada encontrou de errado no veículo e este não apresentou mais defeito. Segui a mulher até o motel, onde passei a noite. Eu estava mais cansada do que imaginava e a manhã já ia alta quando paguei minha diária. O recepcionista me disse: "Foi uma grande sorte a senhora ter parado onde parou na noite passada. Houve uma violenta tempestade de neve em todo o percurso até St. Louis e a senhora não teria encontrado lugar para parar. Nem teria conseguido prosseguir."

Meus pensamentos voltaram subitamente para a advertência que aquela luz vermelha representara e uma onda de gratidão encheu-me a mente e o coração pelo auxílio do meu anjo da guarda. Compreendi também o quanto todos nós estamos ligados. A mulher, que voluntariamente percorria as estradas para ajudar pessoas em situação difícil, estava tão aberta à orientação superior que teve a intuição de sair da estrada e ir ao meu encontro no escuro, na hora em que eu necessitava de ajuda. Ao continuar a viagem, sentia-me tomada pela sensação de que havia uma presença radiante e amorosa tentando alcançar a minha mente ativa.

Foi uma alegria estar de volta ao sol da Califórnia e entrar novamente em minha pequena casa. Sozinha, na sala de estar, todas as minhas resoluções de vendê-la, de abandonar tudo e ficar livre, começaram a diminuir. Meu marido e eu, antes da sua morte repentina, havíamos preparado carinhosamente aquela casa para a nossa aposentadoria e, com as lembranças, me veio um sentimento de posse. O tempo todo, enquanto cruzava o país, eu me sentira preparada para um passo decisivo, que me levaria a uma nova forma de vida na Suíça. Agora, tendo de tomar uma decisão, via-me envolvida em uma das mais pesadas batalhas interiores que jamais experimentara.

Sentia-me dilacerada entre a minha intenção de vender a casa e o inesperado sentimento de perda que fazia apegar-me àquele lugar tão precioso para mim. Sabia que aquilo era uma âncora cujas amarras eu precisaria cortar se quisesse navegar livremente. Sentindo-me dividida, ali fiquei, soluçando, em parte pelo cansaço da viagem, e mais ainda pela indecisão. Estava parada ali, tentando ver os dois lados da questão, quando alguma coisa estalou no fundo da minha mente e eu ouvi estas palavras:

"Peça e receberá, mas esteja inteiramente pronta para obedecer à resposta."

Finalmente, eu disse, em voz alta: "Por favor, dê-me algum sinal, para que eu possa saber o que deve ser feito."

Durante um bom tempo, nada aconteceu. Eu estava à escuta, esperando. De repente, como se uma mão me puxasse, voltei-me e me dirigi para o meu quarto. Fui até a penteadeira e abri a gaveta superior, apanhando um velho relógio que ali estava havia um ano. Os ponteiros parados indicavam meio-dia e dez. Eu disse: "Que horas serão agora, realmente?"

Relancei os olhos para o relógio que estava usando. Os ponteiros marcavam, exatamente, meio-dia e dez. Dentro de mim, uma voz ressoou:

"Sim! É agora!"

Imediatamente, todas as tensões desapareceram e eu me senti completamente livre. Nos dias seguintes, descobri uma nova alegria, enquanto separava, limpava, vendia, ou ia dando coisas. Apenas alguns livros, lembranças de família e objetos especiais foram enviados ao meu filho para que ele os guardasse para mim.

Voltei à Suíça totalmente pronta para uma nova vida e para continuar a busca de uma realidade mais elevada. Durante os dois anos seguintes, meus dias foram ocupados no aprendizado de novas coisas em vários níveis, pois eu estava trabalhando com argila sob a orientação de um excelente ceramista suíço. Reunindo-me a grupos, lendo e ouvindo gravações, tive a revelação de princípios e verdades espirituais. Tentei viver em harmonia com esses princípios e, de vez em quando, vislumbrei ter sucesso.

Certa manhã, eu estava sozinha sob leve chuva no aeroporto de Genebra, observando um avião que se preparava para decolar. A maioria das pessoas se encontrava no edifício do terminal aéreo, bem abrigada, olhando através das grandes janelas. Duas meninas comprimiam o nariz contra o vidro, na ansiedade de ver um avião que se aproximava. Um avião que estava para partir, aguardando ordem para decolar, levava uma amiga que estivera comigo durante três semanas – a última pessoa entre amigos e parentes que me visitara naquele verão. Houve o calor, os bons momentos e a alegria de partilhar minha casa e a aventura das excursões que fizemos juntas. A lembrança dos meses passados nesse lindo país e das pessoas que contribuíram para transformar esse período numa experiência tão admirável cruzou minha mente. O ronco de um motor distante chamou minha atenção para o avião que, agora, erguia-se rapidamente no ar. Um aperto na garganta e uma sensação de solidão me envolveram e, em minha melancolia, algumas lágrimas desceram pelas faces. Subitamente, ouvi as palavras, ditas num tom claro e ressoante:

> "*Agora que está sozinha, você deve planejar metódicas meditações todas as manhãs.*"

A voz era carinhosa, convincente e não causava nenhum espanto. Olhei em torno de mim para ver se alguém havia se aproximado. Não havia ninguém. Como podia aquela voz ter chegado até mim? Não poderia ter vindo através do alto-falante. De pé naquele nevoeiro durante algum tempo, tentei lembrar-me de alguma coisa que tivesse ouvido sobre meditação. Durante o dia, a voz e as palavras voltaram muitas vezes ao meu pensamento. Tentei recordar se a voz era a mesma que eu ouvira dizendo tão claramente: "É agora!"

Na manhã seguinte, ao acordar, o meu primeiro pensamento foi "meditação". Como deveria começar? Ouvira e lera sobre pessoas que meditavam, mas tudo o que eu sabia a respeito era que as pessoas sentavam-se em silêncio. Fiquei a cogitar se a voz encorajadora voltaria para me ajudar. Sentada numa cadeira confortável com um xale me envolvendo os ombros, decidi que quinze minutos seria tempo bastante para ficar quieta. Com olhos fechados, permaneci em silêncio, à escuta. O meu corpo tornou-se mais calmo e pude sentir que me libertava de alguma tensão; minha mente, porém, estava extremamente ativa, os pensamentos chocavam-se entre si. No verão, eu ouvira Krishnamurti falar e, embora ele não usasse a palavra meditação, dissera que devíamos simplesmente observar os nossos pensamentos e não tentar detê-los, pois o esforço para controlá-los cria um ponto de atrito que lhes dá mais energia. Aos poucos, minha mente foi ficando mais tranqüila e depois surgiu um pensamento que me pareceu importante: "Antes de meditar, coloque-se sempre na luz, vendo-a dentro de você, e fique ciente de que você está rodeada de amor."

Abri os olhos e olhei para o relógio. Para minha surpresa, vi que haviam passado exatamente quinze minutos. Algo que estava profundamente dentro de minha consciência pareceu encaixar-se em seu lugar. Mais tarde, eu aprenderia que o "tempo" faz parte do serviço que nos oferecem nossos Eus Básicos. Quando me levantei, apenas uma palavra foi dita pela voz encorajadora:

"Amanhã."

Na manhã seguinte, sentei-me durante quinze minutos e nada aconteceu, a não ser o fato de me sentir intimamente mais calma. De alguma forma, eu sabia que devia deixar a experiência completar-se por si mesma e não pensar que alguma coisa especial fosse acontecer. Muitas vezes, através dos anos, eu havia tido um sonho que agora voltava claramente à minha lembrança. Encontrava-me num túnel longo e escuro, no fim do qual havia uma centelha de luz para onde eu me dirigia. Senti, então, naquele momento de silêncio, que a luz no fim do túnel estava perceptivelmente mais brilhante.

Na terceira manhã, tudo ocorreu como de costume. Depois de alguns minutos, minha mente tornou-se menos ativa e essa lentidão trouxe consigo um sentido de completa liberdade. De repente, minha mente parou!

Houve um vazio e, depois, tudo se encheu de luz. Nada parecia existir, a não ser a luz que enchia todos os pensamentos e todas as coisas. Através dessa luz, uma luz ainda mais forte apareceu à distância. Eu chegara, finalmente, ao término daquele longo túnel escuro dos meus repetidos sonhos e a luz me oprimia. Fiquei assustada e recuei.

Na escrivaninha ao meu lado havia um grande bloco de papel para correspondência aérea e uma caneta. Peguei-os, sentindo que devia anotar essa experiência e tudo o mais que pudesse acontecer. Era reconfortante sentir a caneta em minha mão. Escrevi a data, 3 de setembro de 1970, porém nada mais pude escrever, pois fui reconduzida para a luz. Dessa vez, a luz era mais branda e eu me senti livre e tranqüila. Aos poucos, fui-me tornando consciente de uma delicada força que percorria meu braço e minha mão. Mantida naquela bela luz, eu me sentia inteiramente à vontade, cada célula do meu corpo em harmonia com o que se passava. Minha mente estava calma e eu tinha uma leve consciência do que estava ouvindo e sentindo. Com as primeiras e carinhosas palavras da voz interior, me vieram segurança e a confiança:

"Eu a recebo com alegria e luz. Você deve aprender e não questionar a experiência. Deixe que venha a escrita; ela é necessária, já que não terá possibilidade de recordar as lições. Não é preciso saber o que está escrito até mais tarde. Deixe apenas que sua mão se mova, sem nada antecipar. Segure de leve a caneta e deixe que nós escrevemos. Apreciamos sua boa vontade e sua ansiedade para trabalhar conosco, pois este é um trabalho de luz. Concentre-se na radiância desta luz, pois nela está depositada uma grande experiência para você. O facho de luz é maior quando a espinha está reta. Estamos aqui para lhe dar segurança e mostrar fé na sua capacidade de nos auxiliar. Seu trabalho será individual. "Contemplar" é uma palavra-chave para você, e pode ajudá-la agora."

A voz era clara e gentil e minha mão ia registrando as palavras à proporção que eu as ouvia. Percebi o extraordinário auxílio que recebia, tanto por parte do Instrutor como de outras presenças invisíveis em torno de mim. Compreendi que sua ajuda me dava aquela clareza não anuviada pelo pensamento. Enquanto a voz falava, foram escritas as seguintes palavras:

"Com fé total, e coração e mente claros, abra-se para esta ação que se faz através de você. Isso é muito natural. Este poder que se move através de você abre caminho para a percepção que emerge do centro dos que estiverem preparados para ouvir e seguir o caminho do amoroso serviço. A luz da compreensão e da verdade chega à proporção que as vibrações do planeta e a consciência são elevadas e velhos padrões são rompidos. Aceite o que vier como um processo de aprendizagem, mas não deixe que isso a domine ou se cristalize: não tente possuí-lo. Deixe que os pensamentos sejam tão livres como os átomos, para se ajustarem ao padrão que está sendo manifestado. Isso abre caminho para que a inspiração e a criatividade mais amplas possam fluir.

As necessidades serão atendidas, e que seja em harmonia, liberdade, e gratidão.

As palavras finais foram:

"Não fale a ninguém sobre esta experiência, porque você ainda não é suficientemente forte."

A meditação terminou e, lentamente, eu de novo fui tendo consciência do aposento. O sol brilhava e havia uma alegria íntima, um resplendor, um sentimento de profundo respeito. Sabia que aquela experiência era frágil demais para ser discutida, provada, ou para que eu tentasse compreendê-la. Percebi que podia aceitá-la inteiramente, sem qualquer hesitação e senti que, se ela fosse racionalizada, poderia desvanecer-se. Era muito preciosa para que eu a perdesse.

Mais tarde, ao reler as palavras, elas me trouxeram pensamentos novos. Eu imaginava de que forma poderia auxiliar esse Instrutor que já possuía tanto poder. Tive uma cálida sensação de que havia um cuidado e uma compreensão delicada da minha ânsia de aprender. "Deixe que nós escrevemos" trouxe-me um fluxo de lembranças do sonho que tivera na Espanha e a percepção de que conhecia aquele Instrutor que era muito real para mim. "Não fale a ninguém" deu-me uma sensação de alívio por não ter de tentar colocar em palavras essa experiência. Felizmente, aquele foi um dia tranqüilo na oficina de cerâmica e houve tempo para pensar sobre o acontecido. Eu sentia um impulso novo em minha mente e em minhas mãos, ao criar um lindo candelabro que irradiaria a luz de muitas velas. Na manhã seguinte, tive um sonho:

Éramos três andando por uma rua, a caminho do trabalho e tagarelando alegremente. As lojas estavam abrindo suas portas, mas havia pouca gente na rua. À distância, um homem bem vestido apareceu de repente e encaminhou-se com vivacidade para nós. Subitamente, diminuiu o passo e parou, dando a impressão de que sentia tonturas, apoiou a mão à parede e, devagar, foi se encostando nela. A vida parecia estar esvaindo-se dele quando desmaiou, caindo sobre a calçada. Nós o havíamos reconhecido e corremos em sua direção. Uma das minhas companheiras pediu-me que telefonasse à esposa dele, que eu conhecia. Na loja pela qual passávamos havia um telefone público. Corri para lá e disquei o número. Quando o telefone tocou, acordei.

Sentia-me tensa e tive dificuldades na meditação matinal. A mente continuava às voltas com o sonho, até que, finalmente, ouvi a voz dizer: "Verifique esse sonho. Ele é muito importante." O sonho voltou com clareza à minha mente e eu escrevi a um amigo da família do homem que havia aparecido no sonho, perguntando se acontecera alguma coisa a alguém chegado à sua esposa. Não mencionei o sonho. A resposta dizia que o homem que eu vira perdera quase tudo num desastre financeiro e compreendi que o ocorrido era muito real e não simplesmente obra da minha imaginação. Isso deu-me confiança durante o dia, quando o poder da meditação da manhã era apenas uma lembrança.

Depois de alguns dias dessas incursões pela meditação, eu precisava de certeza, pois as dúvidas e tensões estavam me desviando da meta. Como fora advertida para não falar sobre aquela experiência, só contava com a amorosa orientação do meu Instrutor Interno, que tentava me inspirar segurança, estabelecer confiança e explicar as coisas em termos que eu pudesse entender. Certa manhã, quando me encontrava em confuso estado de luta íntima, vieram-me as palavras:

> *"A orientação é totalmente segura. Tente entregar-se livremente. Descanse quando puder, porque alguns minutos de repouso lhe farão bem. Você encontrará auxílio e orientação na Bíblia que Esther (minha irmã) teve a inspiração de lhe dar... Aprenda a manter-se no presente e viva o AGORA, porque você está lutando demais com o passado. Em breve nos iremos, mas os que a rodeiam devem merecer sua integral confiança... Nós lhe trazemos nosso amor."*

Era uma voz que eu conhecia, a voz de meu pai, e não tinha importância que ela não mais se fizesse ouvir. Fora tão real e trouxera-me tanta segurança, que consegui libertar-me de algumas dúvidas que eram como obstáculos em meu caminho. Era difícil para mim, naquele estágio inicial, aceitar a experiência da meditação; muitas vezes, no fim da tarde, quando as energias diminuíam, eu começava a questionar o auxílio que estava recebendo. Então, uma palavra com um amigo ou um livro que eu abrisse ao acaso vinham esclarecer-me, renovando a minha confiança. Uma dessas respostas claras permanece em minha memória. Certa noite, apanhei um livro na casa de um amigo e, ao abri-lo, ali estavam estas palavras de Robert Browning:

Truth is within ourselves.
There is an inmost centre in us all,
Where truth abides in fullness, and to know
Rather consists in opening out a way
Whence the imprisoned splendour may escape
Than in effecting entry for a light
Supposed to be without.

["A Verdade está dentro de nós.
Há um centro interior em todos nós,
Onde a Verdade mora, em sua inteireza, e conhecê-lo
Consiste antes em abrir o caminho
Pelo qual o esplendor prisioneiro possa escapar
Do que tratar da entrada de uma luz
Que se imagina estar no exterior."]

Houve uma outra manhã especial durante aqueles primeiros dias, quando, por um breve tempo, Bertram, meu marido, me veio à consciência. Ele fora um professor paciente e afetuoso até a sua morte, ocorrida vários anos antes. Agora, ajudava-me a abrir caminho para essa nova experiência, dando-me confiança e confirmação. O escrito daquela manhã trazia a mensagem:

"Está tudo bem. Temos aqui a liberdade que eu recordava, mas que não pude encontrar aí. Nunca lamente qualquer momento do passado ou deixe que ele lhe roube o tempo presente. Essa partilha com você é importante para nós dois. A harmonia que você agora experimenta é sua sempre que dela precisar. Você é, como sempre, fiel ao seu trabalho. Muitos dos dias da sua vida foram de preparação para tal."

Eu ainda me sentia cautelosa em relação à nova experiência,

apesar do apoio de Bertram, muito embora tivesse profunda gratidão por ele. Logo após essas mensagens confirmadoras percebi, num novo estado de consciência, que a sabedoria do meu Instrutor Interno deveria ser compartilhada em meus períodos de meditação.

A experiência de estar com outros como em sonho chegou-me certa manhã, apanhando-me numa nova fase de instrução interior. Muitas pessoas pareciam vir juntas, de vários lugares, para se reunirem comigo numa escola que iria ser uma nova experiência para todos nós. Eu não via esses colegas de classe, mas eles tinham suas vibrações próprias e definidas e eu percebia que a maioria deles irradiava uma luz e um amor maiores do que os meus. Eu lhes sentia a presença do mesmo modo como uma criança cega poderia ter a percepção da presença de outras pessoas num aposento. O professor não podia ser visto, mas uma luz radiante vinha da direção de sua voz, que era suave e nos dava serenidade e coragem para pôr de lado nossa preocupação e o sentimento de estranheza quanto ao ambiente da classe.

Aquele radioso Instrutor explicava que iríamos à aula todas as manhãs, durante muitos meses. Logo senti uma entrega tranqüila e clareza de percepção. De início, fui ajudada a alcançar aquele lugar, sendo delicadamente erguida quando pedia auxílio, mas depressa aprendi a ir sozinha, na ânsia de ouvir a lição do dia. Havia uma linha divisória muito tênue entre a entrega ao sono e a entrega àquela experiência de estudo. Com o corpo e a mente tão completamente relaxados, eu sentia um forte desejo de deixar que a minha atenção se desviasse. Aprendi que, quando dava ao Instrutor minha atenção integral, meu Eu Superior vinha ter comigo com uma qualidade magnética ou poder de fixação, de forma que, durante aquelas manhãs me vinham, tão regulares e firmes como o bater do coração, uma nova compreensão, novas lições e novas experiências. À proporção que os dias se passavam, tentei pôr em prática esses princípios tão novos para mim. Assegurando-nos que estávamos protegidos, o Instrutor disse:

> *"Sempre que precisarem sentir-se seguros, é importante que saibam que jamais romperão a ligação ou o cordão com o seu corpo, mesmo que esta seja delgada e leve. Confiem em nós, pois a entrega de vocês abre um canal para que trabalhemos juntos, e nós o guardaremos bem."*

Experimentei uma clareza além da que é própria da mente humana e descobri uma fluida habilidade para me movimentar como nunca havia conhecido, nem mesmo em sonho. Enquanto o Instrutor continuava falando da tinta na caneta, nós nos tornamos a tinta que ia registrando aquela experiência; depois, éramos o ar que nossos corpos estavam respirando, levando energia vital aos pulmões para todo o processo interior, para todas as células do nosso corpo. O Instrutor disse:

"Em sua verdadeira consciência, vocês são parte de tudo o que existe. Examinem lentamente cada prova, em todos os seus elementos, e isso se tornará claro para vocês."

Na mensagem daquela manhã, várias linhas foram escritas umas sobre as outras, cruzando-se e, depois, houve uma simples declaração:

"A causa desse excesso na escrita, apesar de nós, foi sua excitação em tentar registrar isso com o auxílio da sua mente. Tenha paciência e deixe que a força interior governe. Sua mão pode participar com precisão do trabalho que fazemos juntos. Deixe-a ser livre em luz e confiança, porque há muito trabalho a realizar."

Descobri que aquela experiência de meditação tinha durado meia hora e, então, percebi que devia começar mais cedo o período de meditação. Mais tarde, surgiu outra dúvida quando fiquei a indagar se o que eu escrevia vinha da minha mente. Na manhã seguinte foi-me dada a resposta:

"Em parte sim, mas isso não tem importância se você deixar o canal se desenvolver para o nosso trabalho conjunto. Mas não podemos lhe dar muita informação enquanto a mente ainda estiver bloqueando o seu progresso."

Essa resposta libertou-me da preocupação. Já que aquilo não importava, eu podia relaxar a mente e o corpo novamente, com resultados melhores e mais claros.

Durante esse período de dúvida, houve uma manhã em que não tive bastante fé na hora da meditação. Com uma espécie de hábito adquirido, sentei-me, como de costume, sentindo-me incapaz de focalizar a atenção em alguma coisa. Uma sensação estranha insinuou-se em meus nervos. Minha mente, sentindo-se frustrada, afastou-se da confiança que a tinha mantido amparada. Era como se um impulso grosseiro estivesse tentando dirigir minha mão e minha caneta. Levantando-me bruscamente, saí para andar pelas colinas e ver o sol nascer, tentando compreender o que estava acontecendo. O ar fresco foi como um bálsamo, curando-me e dando-me liberdade para o trabalho do dia. À noite, consegui criar o habitual sentimento de certeza da luz e do amor com que estava aprendendo a rodear-me para dormir. Declarei, com firmeza, que em nada teria a ver com a meditação se isso significasse ter de trabalhar com forças inferiores.

Ao adormecer, senti que uma luz mais forte que a de costume me envolvia. Os que tentavam ajudar-me estavam fazendo um esforço concentrado para me mostrar o que se passava comigo. Dormi profundamente e, ao amanhecer, estava lutando com um sonho:

> Via-me num charco pantanoso e algo me puxava para baixo. A lama quase me alcançava as axilas. Agarrei-me freneticamente aos pequenos galhos caídos das árvores. Finalmente, lembrando-me dos instrutores que me haviam ajudado antes, quando me encontrava em grande dificuldade, parei de me agitar e fiquei à escuta, pedindo para ser salva. Percebi que já não estava afundando. Pensei na luz que tinha sido o ponto inicial da meditação e, quase imediatamente, ouvi a voz tranqüila do Instrutor Interno:
>
> *"Por falta de consciência, você se colocou em perigo. Ao criar pensamentos sombrios e dúvidas, desligou-se deliberadamente de todo o auxílio que lhe poderíamos dar. Você pode pensar que nós a abandonamos, mas deixamos bem claro agora que foi você quem nos abandonou. Nosso trabalho no plano da Terra faz-se possível através de pessoas que consentem em criar a correta atmosfera para isso. Seu trabalho tem sido bom nos ciclos receptivos. Aprenda a estar conosco todo o tempo."*

Uma luz brilhante encheu-me a mente e acordei. Vi que o sol brilhava. Iniciei, com gratidão, o silêncio matinal e a voz tranqüilizadora imediatamente me disse:

"Agora você está perfeitamente consciente da linha de luz e não sofrerá mais interferências. Os pesos anteriores dissolveram-se, tendo oportunidade de funcionar através de você. A meditação ganha novo propósito e você será guiada pelo seu verdadeiro Eu quando se abrir a ele. A autodisciplina far-se-á mais fácil à proporção que você se libertar para o nosso trabalho, com inspiração e uma nova segurança. Você precisa ter profunda consideração pelos outros. Tudo o que enfrentar será realizado mais fácil e diretamente quando observar atentamente a força da vida trabalhando através de você."

Como sempre, houve uma silenciosa meditação na aula, e, depois, a voz continuou:

"Você tem em sua mesa um livro que chegou ontem, mas que ainda não abriu. Procure a página 141 e lá encontrará uma resposta definitiva."

Na página 141, encontrei uma clara explicação da diferença entre a escrita inspiradora, que vem de uma presença superior, quando há uma verdadeira e profunda dedicação, e a escrita automática, em que se empresta a mão para uma entidade escrever. De forma clara e convincente, isso me libertou como nada antes o fizera, e nunca mais, no período de silêncio matinal, tive a sensação de uma força negativa ou inferior.

Logo cheguei a compreender que essa escuta interior é uma aventura da qual todos participamos em graus diversos de consciência. Nossos Instrutores Internos estão sempre prontos para nos guiar por meio de lições, sonhos, provas e de idéias intuitivas ou, às vezes, simplesmente por meio de um conhecimento interior, quanto à coisa certa a fazer. À medida que nos tornamos mais conscientes dos nossos parceiros internos, o Eu Superior e o Eu Básico, e aprendemos a confiar neles, facilmente podemos nos libertar das nossas ilusões. Sob o carinho protetor dos nossos Instrutores Internos, começamos a deixar que nossas disposições superiores surjam por nosso intermédio, com sua sabedoria, clareza e dignidade.

O que antes não passava de fatos isolados, agora, na companhia e proteção desse Eu Superior, tornara-se um aprendizado constante a cada manhã. Com a sabedoria, a harmonia e o amor do meu Eu Superior, olhei honestamente para a forma como eu estava lidando com as lições e as provas quando uma nova compreensão me veio com a experiência. Foi doloroso abrir mão de alguns velhos conceitos e crenças que estavam em meu caminho. A repetição naqueles primeiros meses mostrou-me o quanto estava sendo lento o processo de aprendizagem, com a descrença e o ceticismo amiúde bloqueando o caminho, mas foi, principalmente, um belo processo de crescimento da consciência.

A chave que aos poucos começou a abrir a porta da minha aceitação consciente da ajuda que me era oferecida foi a comunhão que nunca deixou de existir em todas as manhãs com o meu Eu Superior, numa hora determinada. Mesmo em um avião, cruzando o Atlântico, ou numa estação ferroviária bem movimentada, o contato jamais foi perdido e, embora nem sempre fosse possível o trabalho de escrever, ele sempre era reassumido durante a meditação na manhã seguinte. Isso foi desgastando as pedras que bloqueavam o caminho, enquanto eu ia experimentando uma contínua confirmação, e uma nova abordagem da vida abriu-me as portas para um mundo excitante, desafiador e belo.

CAPÍTULO II

JORNADA ATRAVÉS DE SETE PLANOS

> "Se você aceitar conscientemente a jornada no rio da vida, esteja preparada para a responsabilidade que ela trará; de outro modo, continue dormindo durante essa etapa da viagem."

Uma força crescente preenchia a quietude dos dias na viagem interior com o meu Eu Superior. De seu "helicóptero", ou vendo de cima minha vida, eu me sentia satisfeita em deixar que ele tomasse tanto quanto possível a direção. Juntos, vimos as colinas e os vales dos últimos sete anos da minha experiência de meditação e da minha vida. Foi-se delineando um modelo à medida que eu ia vivenciando os planos.

Houvera uma série de estágios progressivos, que a voz interior chamara de "planos". Algumas semanas foram despendidas em cada plano e na relação que tinham com uma área específica do meu corpo. Só agora, vendo de cima, captei de relance a significação profunda daquilo que meu Instrutor estivera tentando me revelar. Ele freqüentemente enfocara os seus ensinamentos por meio de uma confirmação externa. Àquela altura, deram-me um livro que explicava os sete chacras principais, ou centros psíquicos do corpo, mas só anos depois comecei a entender o processo que experimentara durante as primeiras semanas de meditação e a compreender os mistérios que estão por ser revelados em nós. Foi somente quando ouvi alguém falar sobre os sete selos ocultos no corpo, como se fossem os sete sentidos espirituais, que percebi esses planos como sendo períodos de preparação e purificação. Recomendaram-me que lesse o *Apocalipse de João, O Divino**, relacionando-o com meu próprio corpo e com o meu desenvolvimento espiritual. Mostraram-me, também, sua ligação com as sete glândulas endócrinas e o efeito que elas podem ter ao liberarem hormônios diretamente na corrente sangüínea em alguns segundos.

Em profunda meditação, sob o comando do meu Eu Superior, fui levada através dos planos para vivenciá-los como se fossem faixas de cor num arco-íris. Movimentei-me a partir do vermelho, suavemente, sentindo, de início, um efeito perturbador e, logo depois, uma beleza

* Esta informação veio das leituras de Edgar Cayce, do A.R.E., na Virginia Beach, Va.

calma em cada nova região, à proporção que nos movíamos das cores mais quentes dos planos inferiores para régia sensação das áreas mais altas.

Terceiro Plano – Plexo Solar

A revisão destes planos, por algum motivo, saltou todo o trabalho dos dois planos inferiores e escolheu o terceiro plano, no qual havia profunda tensão e abalo emocional, que me causou a impressão de um nó no centro do meu corpo. Primeiro tomei consciência desta área numa meditação, na qual a minha aproximação em relação a esse plano se fez pela experiência de um nascimento. Uma sensação de assombro e temeroso respeito me envolveu ao ver-me cercada por uma luz muito bela e tomei-me de completa confiança pela enfermeira que me atendia. Naquela ocasião, esse plano tinha pouca significação para mim. Eu parecia estar respirando um novo elemento, mas, ao mesmo tempo, controlando subconscientemente o ar que meu corpo respirava. Sentia uma fome intensa, coisa nova para mim, enquanto repousava e recebia alimento espiritual.

No final da meditação, descobri que no meu plexo solar estava o centro da minha atenção e isso continuou durante as semanas em que estive nesse plano. Mostraram-me que havia um vínculo íntimo dessa área com o meu Eu Básico, que dirigia o meu corpo com suas muitas e intrincadas funções. A tensão e a dor que eu vinha sentindo eram resultantes dos pensamentos e reações negativos que, inadvertidamente, eu infligira àquele companheiro que dirigia o meu corpo.

Durante aquelas semanas, aprendi e pus em prática muitas lições. Sofri os dolorosos resultados da resistência, aprendi a estar mais atenta e a me render um pouco mais à vontade Superior. O auxílio maior foi eu ter aprendido a fazer melhor uso da energia. À proporção que tentava compreender as provas que eram aplicadas às outras pessoas, eu era ajudada em alguns dos desafios na minha própria vida. Fiquei perplexa com a notícia do suicídio do marido de uma jovem amiga. Como procurava compreender por que tal coisa acontecera, meu Eu Superior deu-me esta resposta:

> *"Na consciência mais profunda deste plano isto é difícil para você, mas você compreenderá de forma mais completa."*

Em minha meditação, ele mostrou-me, então, este drama:

Um velho sábio estava de pé num palco diante de nós, observando em silêncio nossas mentes e nossos corações. A profundidade do seu olhar assemelhava-se a uma luz penetrante, mas eu também sentia seu amor dirigido a mim. Finalmente, ele falou:

"Tudo quanto lhe acontece foi criado por você e posto em movimento, de uma forma ou de outra. Quando compreender esta verdade, você jamais poderá ressentir-se ou culpar qualquer outra pessoa pelo que lhe acontece. Aceitando isso, você estará livre."

Uma jovem, muito agitada e zangada, entrou no palco e disse, cheia de ressentimento: "Estou furiosa com a minha amiga. Ela é culpada pela desintegração do meu lar."

O ancião voltou-se, olhou para ela e, depois, foi-se afastando lentamente. Com a voz ainda zangada, ela chamou: "Não vai me ajudar? Estou aflita."

Enquanto ele continuava bem lentamente a afastar-se, um jovem entrou. Com expressão perplexa, aproximou-se do ancião e perguntou qual era o significado do que havia sido dito. Sorrindo, o ancião respondeu:

"Primeiro, há o pensamento; depois, segue-se-lhe a energia das palavras e da ação. Tudo quanto você criou desde o início dos tempos está agora em sua consciência maior, esperando para ser esclarecido, e tudo volta para você quando você está preparado para esclarecê-lo. Abençoe, em vez de culpar, as pessoas que, nas mais variadas formas e circunstâncias trazem de volta as coisas que você mesmo criou, pois essas pessoas haverão de pagar nas suas próprias vidas o preço por ajudá-la a acertar suas dívidas. Elas lhe mostram o espelho da realidade, de forma que, agindo de acordo com a verdade, você possa fazer com que o plano perfeito de sua vida se desenvolva."

O jovem pensou um pouco e replicou: "Durante anos, lutei para compreender uma afirmação do livro *O Profeta*: que é o assassinado e não o assassino quem tem a culpa. Agora posso compreender que o homem assassinado algum dia criou aquilo que impõe o sacrifício da sua própria vida como pagamento do débito. Redimido, ele pode dar prosseguimento ao seu progresso espiritual até que se complete o plano que Deus tem para ele."

O ancião balançou a cabeça, concordando. Voltou-se e falou à mulher que estava chorando. "Sim!" – disse ela. – "Agora vejo que é a casa dele, a 'nossa' casa, e que eu sou culpada por causa do meu egoísmo, da minha falta de confiança e de atenção amorosa."

Revelando compaixão e compreensão, o ancião disse: "É a beleza do teu eu *real* que ele ama. Deixe que esse eu se manifeste, com fé e amor, elevando o próprio Eu Superior dele."

Quando a cena se desvaneceu, meu mundo estava totalmente confuso. A significação da vida era inteiramente diferente da que eu supunha. Na aula de meditação, partilhamos, nos dias que se seguiram, os resultados daquela cena e descobrimos que uma interessante ação estava ocorrendo. Para uns, uma luz interior e uma força começaram a fluir em seus relacionamentos, elevando todas as vibrações; mas, enquanto eu observava as interessantes e difíceis experiências por que estava passando, considerei muito árduo conseguir isso. Meu Eu Superior explicou-me que eu ainda não estava inteiramente preparada para aceitar essa aproximação superior, que, vista do ângulo superior da minha meditação, parecia tão correta. Apesar das palavras de sabedoria que eu percebia estarem funcionando para as outras pessoas, eu ainda me identificava profundamente com as idéias passadas e com as reações negativas. Quando pedi ajuda, foi-me dado o seguinte sonho:

> Éramos quatro caminhando por uma estrada através das colinas, a caminho da quermesse promovida por uma igreja que ficava numa povoação próxima. Entre flores silvestres, amoras e uvas que cresciam dos lados da estrada, havia lugares gramados onde podíamos nos sentar e apreciar a paisagem inspiradora. À proporção que íamos caminhando, despreocupadamente, parando para desfrutar a beleza e a companhia, comecei a achar o passo irritantemente lento. Afinal, com a desculpa de que não queria deixar de ver uma pessoa na feira, separei-me dos outros e comecei a andar mais depressa. Logo à frente, havia na estrada um grande carretel de cerca de sessenta centímetros de altura, com instruções segundo as quais eu devia rolá-lo diante de mim. De

início não foi muito difícil, mas o carretel foi ficando cada vez menor, até que, finalmente, tive que me pôr de joelhos para continuar a empurrá-lo desesperadamente, no esforço para me manter à dianteira dos outros. De vez em quando, empurrava-o até com o nariz, e meus joelhos estavam tão doloridos que eu mal podia me mexer. Sentei-me, exausta, à beira da estrada.

No silêncio, comecei a ouvir música, risos e cantigas, que vinham de trás de uma cerca de arbustos; afastando suavemente os galhos, vi um grupo de ciganos em torno de uma pequena fogueira. Uma jovem viu meu rosto cansado e levou-me para o meio do grupo; a música continuou, o homem tocando o seu instrumento, algumas crianças ao lado dele, cantando. Colocaram uma bebida quente em minhas mãos e a irradiação calorosa daquela gente, bem como sua afetuosa aceitação da minha pessoa, fizeram-me abandonar a rígida impaciência e o falso senso de responsabilidade que me haviam afastado da companhia dos outros. Uma menina puxou-me a manga e apontou para a estrada. Agradeci àquela gente, sentindo um amor especial por ela e, com alívio, reuni-me aos meus amigos. Para minha surpresa, eles me aceitaram como se nada tivesse acontecido.

No dia seguinte, surgiu uma prova para a minha paciência e a minha capacidade de pedir ajuda ao meu Eu Superior. Por causa de uma série de compromissos, eu não tinha tido tempo para plantar algumas mudas no meu jardim e elas já começavam a murchar. Uma amiga ofereceu-se para plantá-las, mas, chegando em casa no início da noite, vi que ela não o fizera. Apressei-me a fazê-lo, num ímpeto de impaciência e, na pressa, meu pé ficou preso na cerca do gramado. Quando ia caindo, pensei em meu Instrutor Interno e, repentinamente, meu corpo torceu-se de leve, de forma que meu olho esquerdo se bateu contra um tufo bem forte de grama e minha cabeça, por pouco, deixou de colidir com o canto do degrau. Um vizinho que correra em meu auxílio examinou o meu olho, e disse: "Amanhã você estará com o olho preto."

No dia seguinte, porém, ele estava inteiramente curado. Reconhecida, eu agradeci ao meu Eu Superior pela proteção disponível e pela compreensão de que podemos aprender a usá-la. Como são profundas as raízes das reações negativas! Mesmo quando damos fim a um impulso negativo ou a um profundo ressentimento, ainda precisamos remover os brotos novos que continuam crescendo, enquanto as próprias raízes não forem arrancadas.

Por meio dessas lições do terceiro plano, senti um alívio das tensões e da impaciência que eu havia criado ao longo de muitos anos de trabalho prático, durante os quais não estivera em sintonia consciente com o auxílio superior interno. À medida que me tornei mais disposta a aprender, me senti menos ameaçada pelas mudanças iminentes e comecei a aceitar uma abordagem da vida mais positiva e sintonizada. As lições transformaram certas reações negativas que eu tinha e impeliram-me a voltar para os meus Instrutores Internos quando precisasse de auxílio.

Apesar de todo esse auxílio, ainda houve ocasiões em que eu discutia a propósito da experiência da meditação, com todas as suas provas. Ao me dedicar ao mais elevado e melhor, fiquei a pensar se não estaria pedindo demais. A vida valeria essa disciplina? Haveria alguma visão superior que pudesse ajudar-me a compreender sua significação mais profunda? Sentia-me como se estivesse em uma gangorra: encima, a radiância e a beleza da meditação; embaixo, na terra, a tentativa de usar o que aprendera. Na aula da manhã seguinte, o Instrutor apresentou um desafio:

> *"Se você aceitar a viagem pelo rio da vida, conscientemente, prepare-se para a responsabilidade que isso trará; caso contrário, continue dormindo durante essa etapa da viagem. Você experimentará muitos desses desafios, mas cegamente; enquanto que, se cooperar com a vontade divina do seu Eu Superior, fará isso com clareza e liberdade interiores. Os que estão despertos adiantam-se com alegria e se aproximam felizes da vida, enquanto aqueles que não se resolvem a ir com a corrente vêem-se em dificuldade. Dentro dessa liberdade, cuide de criar seus pensamentos em luz e, então, estará segura. O poder e a sabedoria interiores, tal como a eletricidade, aí estão para serem usados. Aprenda a ligá-los ao equipamento de sua mente e corpo desobstruídos e bem preparados e evitará curtos-circuitos."*

Com muita freqüência, minhas lições foram confirmadas por pessoas ou livros, e um deles trazia esta mensagem: Nunca acredite em nada daquilo que ler. É importante que leia quando estiver inspirada para isso e, enquanto estiver lendo, algumas coisas se encaixarão em seus lugares e serão reais para você. Deixe que o resto se vá como palha ao vento. O que é real para você não é real para outras pessoas, até que elas próprias passem pela experiência.

De ajuda, nesse terceiro plano fora uma série de exercícios físicos que relaxaram meu corpo e minha mente, preparando-me para o período de meditação. Cada um deles contribuiu para equilibrar e exercitar todas as partes do meu corpo. *

Outro apoio constante para mim foi a luz interior que eu sentia durante a meditação. Certa manhã, o Instrutor disse:

> "*Aqui, neste momento, você não pode ter nenhum pensamento sombrio porque esse tipo de pensamento não ocorre dentro desta luz. Há duas luzes para as quais você pode se voltar; saberá qual das duas é a certa quando tiver de enfrentar desafios, emergências ou a sua reação às situações difíceis. Uma luz está sempre presente na sua percepção das energias do Eu Superior e você pode solicitar-lhe ajuda. Quando houver uma profunda necessidade, ou você tiver dificuldade em abrir o caminho, peça auxílio a uma fonte superior de luz em oração, não perturbada por outras forças, e espere sua resposta no momento próprio.*"

Quarto Plano – O Coração

Uma forte luz movia-se na beira desse plano, tão brilhante que nada podíamos ver além dela. Uma poderosa energia, de certa forma relacionada com a luz, atravessava nossos corpos, o amor emanava das profundezas do meu ser e se irradiava para todos os que nos rodeavam. Era como se eu ouvisse o pulsar do coração do mundo. A voz do Instrutor falou:

> "*Assim é o amor no quarto plano, enaltecedor com suas luzes e proteção. Ele está em cada célula dos seus corpos, irradiando-se dentro de suas consciências, esperando que lhe permitam entrar*

* Ver, no Apêndice, os exercícios básicos.

em ação. Quando vocês penetram nesse plano, aqueles que amaram e muitos outros, de que não têm consciência, reuniram-se para recebê-los. Os fios aka *de todos os dias de vida do passado os circundam."*

Tínhamos aprendido que os fios *aka*, tal como fora explicado nos ensinamentos dos Huna do Havaí,* são liames invisíveis entre nós e todos aqueles com quem mantivemos contato, mesmo com os que se relacionaram conosco apenas em pensamento.

O calor daquele plano era surpreendente e dissolvia toda a treva com o seu poder. Eu havia despendido um esforço apreciável para continuar o trabalho de meditação, mas agora me movia com a maré. Um novo ímpeto, como um forte vento, ia me levando e eu me sentia como se fosse uma coisa só com a voz. Sabendo que podíamos voltar facilmente para esse plano, senti uma nova segurança, apesar de descobrir que não poderia manter ou dirigir mentalmente a experiência. Este era um tesouro que nos fora dado quando abrimos o caminho do nosso coração aos nossos Eus Superiores, para que eles nos guiassem. Enquanto esse amor fluía através de nós, o Instrutor disse:

"Este plano é mais subjetivo em seu impacto do que os outros. Observem cuidadosamente. As provas dos três primeiros planos virão com freqüência e serão enfrentadas facilmente com o amor deste plano do coração."

Depois do nosso nascimento naquele plano, pudemos descansar por algum tempo. Eu tinha consciência de algo que desabrochava em meu coração, tal como uma rosa que se abrisse, bela em cada estágio, sob orientação pura e amorosa. Nessa experiência não havia lugar para dúvidas ou preocupações. A interação do amor e da cura tornou-se um poder que a tudo afetava em seu caminho. Numa nova lição, o Instrutor disse:

"Veja através das aparências o Eu Superior de cada pessoa e acolha-o com alegria. Aquele Eu Superior sabe o que você está

* Huna: povo que trouxe os mitos antigos através de milhares de anos (N.T.).

pensando e isso afeta o relacionamento entre você e as pessoas. Volte-se com maior freqüência para o curativo amor deste plano, enquanto vai aprendendo cada vez mais a ver além das aparências com uma visão cada vez mais ampla, não só com a mente, mas profundamente com o coração. Nessa região, os pensamentos falam mais alto do que as palavras e são mais claramente ouvidos pelos outros Eus Superiores. Você tem grande responsabilidade ao emitir cada pensamento, palavra, ou motivo. A área onde você está se movimentando agora é de aprendizagem concentrada e, a menos que você se mantenha inteiramente consciente do amor deste plano, este pode lhe ser doloroso. Não fuja destas lições, porque elas lhe darão uma segurança que nada poderá destruir, uma persistência firme e livre pela qual poderemos soerguê-la. Este caminho, uma vez aberto, jamais se tornará a fechar."

Como a criança que toma a mão do pai com confiança e amor, prosseguimos nesta aventura com o coração aberto e grande júbilo. Estávamos sendo levados a uma experiência de expansão, na qual testemunhamos a queda de um véu. Surgiam problemas que se desvaneciam. Sombras, que pareciam reais, logo se revelavam simples reflexos de um plano mais alto. Então, uma voz falou:

"Ainda assim, o corpo é um reflexo do Eu Superior. Quando você olha para a sua sombra, vê apenas uma silhueta que se reflete do seu corpo; da mesma maneira, o corpo reflete um aspecto do Eu Superior. Dentro de cada célula do corpo há a totalidade e a energia em potencial. Quando você se tornar consciente da energia de que dispõe, libertará a força da vida que gera saúde, força interior e paz."

Os ensinamentos desse plano do coração continham três temas: a profundidade da prece, a arte de dar e o sentido de unidade com o Eu Superior e com toda a vida.

Nesse plano, descobri o quanto a oração pode ser prática e real. Aprendi a perguntar antes de adormecer, com o coração e a mente submissos, e o que quer que eu precisasse vinha ao meu encontro no momento exato, para o meu maior bem. A resposta geralmente surgia na manhã seguinte, mas eu a compreendia somente em relação ao meu propósito de perguntar e ao modo pelo qual formulara a pergunta. Freqüentemente, passava-se muito tempo antes que eu me decidisse a pedir auxílio, principalmente quando sentia que a pergunta estava abaixo da dignidade do meu Eu Superior ou, mais exatamente, de Deus. Certa manhã, o Instrutor disse:

"Embora sua vida de sonho possa parecer complicada, há uma resposta na oração que revela a simplicidade da vida."

Enfrentei, nessa ocasião, um desafio de ordem prática, e, com interesse crescente, percebi que encontraria a chave para a vida "simples", em direção à qual eu estava sendo orientada. Tivera, repentinamente, o desejo de copiar o modelo de uma linda estola de *mohair* que uma amiga está usando. Leve e quente, ela seria perfeita para minha próxima viagem a Boston. Minha amiga mostrou-se satisfeita com a idéia. Perguntei como se fazia aquele ponto, mas nem ela nem ninguém mais soube me dizer. O ponto parecia complicado e tentei todas as possíveis combinações de laçadas. Indaguei a todas as pessoas que entendiam alguma coisa de tricô, sem resultado. Quando sentia estar perdendo tempo e queria desistir da busca, recebi, de dentro de mim, um retumbante: "Pergunte!"

Certa noite, quando restava pouco tempo para fazer a estola, ajoelhei-me para rezar e, finalmente, pedi auxílio. "Por alguma razão, devo tricotar essa estola. Não compreendo por que, nem o motivo pelo qual ninguém pode me ajudar. Por favor, ajude-me a resolver este enigma." Na manhã seguinte, a voz interior declarou claramente:

"Um ponto meia, mantendo o fio na frente, tricote dois juntos."

Era tão simples, que eu mal podia acreditar. A mensagem continuou:

"Enfim, você perguntou. Nunca dependa dos outros; dirija-se à fonte. Esta é uma lição espiritual pela qual temos tentado alcançá-la há muito tempo. Antes de fazer um ponto meia, você deve apresentar-se para entregar todo o fio de sua vida com profunda gratidão, sem nada deixar para trás, curvando-se diante da "Pérola de Alto Preço", o Primeiro Ritmo ou Vontade Superior do seu

Ser (O fio é trazido para a frente). Depois, você busca a sintonização com o interno (ponto meia). Agora, mantenha-se em meditação. (O fio é mantido à frente e não colocado atrás, como se faz normalmente no ponto meia, criando um fio sobre o ponto, o que representa o Eu Superior.) Depois, você pode tricotar juntos os aspectos superior e inferior do seu ser em perfeita unidade (tricotar dois juntos). Isso faz com que o fio volte à posição anterior para repetir o ponto. Continuando esse trabalho simples, o bonito modelo de sua vida é tricotado em harmonia e graça, sem pontos soltos que prejudiquem o desenho. O modelo é o mesmo, visto de qualquer ângulo."

A bonita estola (no Apêndice encontra-se a receita), tão quente e leve, foi feita facilmente com esses simples pontos que pareciam tão complicados. Através dessa lição, comecei a compreender o modelo da oração e da meditação como se fossem duas partes de uma única experiência.

A oração num nível completamente diferente abriu caminho para a paz interior e para uma nova amizade, liberando um sentimento de inimizade em relação a uma mulher que eu deixara que me enganasse. Recordei minhas lições ao entrar em contato com ela e tentei erguer-me acima dos sentimentos de animosidade e aborrecimento; contudo, o esforço para controlar minhas emoções só trouxe maior tensão, resultando numa obscura área de preocupação e sentimento de culpa que perturbaram a minha mente e as minhas emoções. Finalmente, quando levei o problema para o nível de oração, comecei a compreender que havia alguma coisa errada dentro de mim e pedi auxílio para me livrar dela. Quando meu Instrutor mostrou-me o poder da luz do Cristo, dizendo-me como devia usá-la, vi o Eu Superior daquela mulher e, rodeada de luz, senti o poder de uma nova energia de amor perpassando o meu coração e dirigindo-se para ela, envolvendo-a. Senti a escuridão interior dissolver-se. Foi como se uma forte luz tivesse sido acesa. Já não tinha dificuldade em aceitar minha amiga, que agora parecia ter mudado, mas sabia que naquele quarto plano de energia a mudança se realizara dentro de mim mesma. Logo senti o poder daquele amor afetar minha vida de muitas formas. Naquela manhã, a voz interior disse:

"A oração é uma dádiva que deve ser prezada acima de tudo. Quando você chegar a compreender esse dar-se aos outros, será tão fiel a ela como é fiel à meditação todas as manhãs. Em tudo o que fizer observará o Eu Superior trabalhando através de você. A aurora está raiando em sua vida interior e, após a escuridão, ela chega com alegria."

Na aula de meditação, recebemos maior clareza e melhor entendimento dessa arte de dar. O Instrutor explicou:

"Dar é a grande chave da vida. Assim como vocês dão amor e cura livremente durante a oração e em períodos de silêncio, assim também aprenderão a dar coisas materiais com alegria e sem apego."

À proporção que as lições progrediam, eu ia entendendo melhor a vida e a minha relação com ela. Nas respostas, encontrei clareza:

"A luz da vida é uma luz que não depende daqueles através dos quais brilha. Quando você começar a subir em direção à luz, siga o caminho que escolheu. Perde-se muito tempo perambulando de um caminho para outro, em lugar de seguir a luz orientadora que está dentro do próprio ser."

Mostraram-me um livro onde li: "Todas as coisas pertencem a Deus, exceto a dádiva do livre-arbítrio, que ele nos deu." Meu Instrutor Interno disse:

"Por isso, o livre-arbítrio é a única dádiva que você tem de dar a Deus em gratidão pela sua vida. Você só pode dar essa dádiva preciosa sintonizando-se com a Sua vontade, que se reflete na vontade do seu Eu Superior."

Quinto Plano – Som e Silêncio

Certa manhã, na aula de meditação, fomos convidados a fazer uma visita. De um lado, surgiu uma luz poderosa, enquanto o Instrutor dizia:

"Um raio desta grande luz se dirige para o centro de cada um de vocês. Geralmente ele é invisível para vocês, mas agora é real, brilhante e completo em sua magnificiência. Olhem em volta e percebam como todos são um na origem."

Passamos lentamente para a área de luz e foi como se tivéssemos entrado num aposento aquecido, repleto de ar fresco e sol. Naquele belo lugar, ficamos livres para andar entre os que as pessoas trabalhavam tratando dos que tinham vindo pedir-lhes auxílio. Uma dessas pessoas voltou-se para nós e, com um sorriso, disse: "Saibam que tudo quanto ganharam com o seu próprio serviço de amor irá levá-los sempre para a frente."

Fomos transportados mais para cima, para uma região fronteiriça onde havia alguns seres radiantes preparando-se para deixar o lugar. A luz aumentou, até se fazer tão poderosa que eu me senti puxada para trás. Quando pedi auxílio, o Instrutor explicou:

"Você ainda não tem certeza de estar preparada para ir ao lugar onde a levaríamos. Ele é inteiramente seguro. Relaxe-se durante a experiência, protegida pelo amor daqueles que a rodeiam. Se você ainda estivesse na sala de aula, em lugar de estar nestas regiões, não veria o potencial aberto para você. Você ganhou isso com a sua gratidão e humildade."

Então, com os outros, dirigi-me para a luz e para a freqüência mais alta daquela dimensão que estávamos explorando juntos. Alguém explicava como as pessoas suficientemente harmonizadas com as energias implícitas podiam caminhar incólumes sobre brasas no plano da terra. Da mesma forma, testemunhando uma freqüência mais alta de energia vibratória, vimos um grupo de pessoas envoltas por uma luz tremulante, tão brilhante que não nos foi possível olhar por muito tempo. Era como se estivéssemos olhando pela boca do forno numa oficina de cerâmica e tudo quanto víamos estivesse aquecido ao rubro, em estado de fusão, embora mantivesse perfeitamente a forma.

Quando voltamos para a sala de aulas, estávamos intensamente conscientes do amor que nos havia protegido e que havíamos compartilhado nessa experiência. A fé que tínhamos nos Instrutores, nossa confiança sem egoísmo e a nossa gratidão, haviam tornado aquela aventura inteiramente segura. A maravilha daquela experiência, a pureza e o júbilo, me deixaram ainda mais ansiosa para me entregar, confiar e aprender.

Descobri, encantada, que aquela experiência nos havia transportado para o quinto plano – o plano da "escuta do som e do silêncio" que está relacionado com o chacra da garganta. Cada plano era novo, mas cada um deles continha alguma coisa da essência dos outros, mantida em nossa consciência até que pudesse tornar-se verdadeiramente uma parte de nossa alma e refletir-se em nossas vidas.

Nesse plano, aprendemos como realmente ouvir, com a percepção do nosso Eu Superior, ouvir com todo o ser, coração, mente e espírito. O Instrutor disse:

> *"Quando aprenderem a ouvir, vocês encontrarão maneiras de ajudar outros que, por sua vez, os ajudarão. Através do vínculo com outros Eus Superiores, virão novos ensinamentos, cujos resultados os surpreenderão."*

Esse não foi um plano fácil para mim. Comecei a perceber o quanto da rigidez que eu sentia fora causada por mim mesma e como as minhas ocupações tornavam difícil a escuta. Quando, porém, pude ficar inteiramente consciente do que os outros diziam, as palavras do meu Eu Superior me chegaram com clareza, para atender às suas necessidades. Essa foi uma aventura inteiramente nova, para a qual tentei libertar minha mente de modo a torná-la totalmente receptiva.

Certa manhã, houve uma discussão em nossa meditação, através da qual revelou-se que todos os estudantes haviam pedido para avançar na escalada da montanha espiritual tão depressa quanto as suas limitações lhes permitissem. Nenhum de nós havia previsto as pressões pelas quais poderíamos passar. O Instrutor tornou claro que estávamos vivendo o que havíamos pedido. Cercou-nos com luz e profundo amor, o que nos ajudou a nos sentirmos mais seguros; depois, explicou que todos nós temos as nossas próprias vibrações, que podemos elevar, voltando-nos para a luz dentro de nós, e é essencial que façamos isso. Tínhamos aceitado a responsabilidade e iríamos precisar de fé, coragem e paciência. As provas só seriam difíceis se criássemos formas de pensamentos que bloqueassem o nosso progresso.

O grupo foi levado para uma linda área natural, onde os raios de luz desciam através das árvores juntamente com o ruído de uma suave cascata. A tônica da lição modificou-se e sentimos uma grande paz. O Instrutor nos falou:

"Há, nestes momentos, uma consciência atenta, uma luz inspiradora que está sempre presente. Cada vez que permitem que nos unamos a vocês, vocês a percebem mais prontamente. A luz que vem do interior de suas consciências é mais real do que a luz do plano físico. Esta experiência de meditação é tão inspiradora que, diante do seu poder, a mente humana se esvai, faz-se insignificante. Descansem de vez em quando para que o corpo físico possa banhar-se nessa luz interior e sentir a elevação que ela traz. Enfrentem todos os problemas com um momento de oração; encontrem-se com todas as pessoas, voltando-se, momentaneamente para a luz. Abençoem tudo o que comerem, em luz e com gratidão; isto liberará energias para o trabalho que fizermos juntos, porque, quando uma refeição é tomada sem bênção ou agradecimentos, deixa de alcançar seu mais alto potencial. E, realmente, o mais importante é que os seus pensamentos, palavras e intenções sejam mantidos nessa luz."

Quando perguntei como poderia controlar meus pensamentos e criar intenções claras, recebi esta resposta:

"Humanamente, pouco você pode fazer, porque você é como uma sombra do seu eu maior. Mas, à proporção que seu ser interior, a alma, crescer em estatura, a sombra se modificará e crescerá em relação ao bebê que você é agora. Estas lições são de tal modo vitais, que logo você aprenderá a enfrentar todas as atividades da vida, voltando-se, em primeiro lugar, para a energia superior da luz e do amor que o seu Eu Superior possui para o seu uso."

Estávamos observando uma estudante cuja luta era tão grande que isto nos levou a perguntar por que o Instrutor se preocupava com ela, esquecendo que éramos todos igualmente imaturos. Ela estava em dificuldade, procurando respostas fora de si própria, deixando de assumir a responsabilidade do seu próprio aprendizado. Ouvimos quando pediu ao Instrutor que a elevasse até a luz do grupo. A resposta veio rapidamente:

"Isso negaria todo o propósito do seu aprendizado, para liberar o bloqueio mental e emocional que está barrando o caminho do seu progresso. Se, conhecendo a radiância de que partilhou, você ainda tem períodos sombrios, imagine quão maior é o desafio para aqueles que não perceberam o auxílio e a força interior disponíveis."

Considerei aquele plano uma experiência desafiadora e houve momentos em que me faltou mesmo a fé no poder de os Instrutores me ajudarem nos pontos difíceis, embora soubesse que meu Instrutor Interno jamais deixaria de me guiar a cada passo do caminho, sempre que eu me mostrara preparada para perguntar, ouvir e aceitar as respostas.

Quando descobri que a autopiedade era uma das minhas maiores dificuldades e fiquei a pensar num modo de lidar com ela, o Instrutor disse:

"Pense na semente do carvalho, que tem o seu potencial de grande árvore dentro da pequena e rija casca. Você está se agarrando à casca, que terá de romper-se para que o carvalho cresça. A autopiedade faz parte dessa casca protetora. Em sua fraqueza, você é muito amada e será esse amor que a elevará, contanto que você abra mão de seu apego à casca e deixe que ela se vá. A árvore da vida, dentro de você, é ilimitada em seu poder; ela cresce em delicadeza e liberdade, revestida de luz e de amor."

Mostraram-nos como era urgente a necessidade de todas as pessoas do planeta trabalharem juntas, tão integralmente quanto possível.

"O futuro está na ação de vocês, agora. Vocês podem escolher entre se deixarem levar pela corrente ou enfrentarem honestamente as provas. Vemos as necessidades do planeta, ouvimos seus apelos e temos que descobrir pessoas preparadas para

trabalhar conosco pela sua redenção. Minha fé em vocês é bem maior do que a fé que vocês têm em mim. Quanto mais duras forem as provas, mais fortes vocês se tornarão. Precisamos da ajuda de vocês."

Eu agora amava e respeitava aquele sábio Instrutor. Ao compreender que poderia dar-lhe alegria, por meio de um real esforço e conservando-me fiel ao momento silencioso de todas as manhãs, meu coração abriu-se, respondendo jubilosamente. Que a sua fé em mim fosse maior do que a minha fé nele era um pensamento que me levou à auto-análise. Nisso estava a chave para a verdade que eu lutava por encontrar. Comecei a ver que a fé em mim, por parte do meu Eu Superior, não era afetada pelo meu progresso. Compreendi, então, que a fé e o amor curativos são as dádivas verdadeiras que devemos outorgar uns aos outros.

Sexto Plano – O Olho Único – Percepção

Certa manhã, em que havia um sentido de expectativa, minha meditação estava tomada por oposições, assim como o trovão e o relâmpago numa tempestade. Então, uma luz clara brilhou de repente na confusão da minha mente e me relaxei. Meu corpo estava sendo mantido em luz, não antecipando nada e sentindo-se repousado. Logo, comecei de novo a sentir a mente ocupada com coisas, pessoas e com o que eu teria de fazer depois, e voltou o sentimento de cansaço e opressão. A tempestade se intensificou e as oposições me abateram. Frustrada, pedi auxílio, e meu Eu Superior animou-me e mostrou-me que eu podia ter um dia inteiro de trabalho, com alegria, sem cansaço, sem nada a me pesar.

Realmente, o dia foi de trabalho deleitoso e estimulante. A argila parecia modelar-se em minhas mãos, à proporção que eu sentia e percebia a energia criativa tomar forma. O sentimento de empatia para com as pessoas deu-me uma alegria interior que foi compartilhada com amigos, à noite. O dia inteiro fora uma experiência inspiradora, destituída de esforço e feliz. O Instrutor explicou:

"Quando você dá boa acolhida à energia de seu Eu Superior e liberta a mente e o coração à sua ação, você não precisa de

proteção contra coisa alguma, pois o amor e a luz divinos são todo-poderosos. Esse poder que atravessa o seu corpo em meditação permite que a orientação a dirija com clareza e isso leva a uma maior intuição e a uma visão mais clara."

Certa manhã, durante esse período de oposições, a luz e a unicidade do sexto plano vieram como o sol rompendo as nuvens escuras de um temporal. Ouvi a citação:

"Se o vosso olho for puro, todo o vosso ser será repleto de luz."

Nessa luz nos movemos para o alto e tivemos uma visão mais ampla de todos os planos abaixo de nós. Observando a interação dos planos, começamos a entender a purificação que estava ocorrendo e percebemos que, embora tivesse havido um maior esclarecimento nos primeiros planos, o quinto precisava de muito mais trabalho. Percebi que os Instrutores estavam nos levando para o plano de maior clareza interior, a fim de nos ajudarem na escuta e no uso mais sábio das palavras. Esses planos revelaram-se uma pré-escola de ritmos básicos, antes que pudesse começar o verdadeiro trabalho.

O sexto plano estava repleto de uma luz resplandecente e poderosa, que se refletia num lago distante do quarto plano. Meu Eu Superior observou:

"A diferença entre o amor humano do seu quarto plano e o amor espiritual que a clareza interior traz é tão grande quanto a diferença entre o reflexo da luz do sol sobre o lago e a própria luz do sol."

Esse plano tinha uma qualidade fluida e me pareceu menos familiar do que os que eu havia conhecido até então. Falando sobre o novo plano, o Instrutor disse:

"Os tesouros da intuição não se acham escondidos. Eles retornam e, muitas vezes, espontaneamente, para atender às necessidades, principalmente quando se trata de ajudar os outros."

Um dos desafios que enfrentei nesse plano foi o seu efeito sobre os meus olhos. Meu Eu Superior explicou:

"Sua percepção estava profundamente bloqueada e isso refletiu-se nos seus olhos físicos. O efeito se deveu, em parte, ao seu peso neste plano mais leve."

Ele me fez lembrar da minha experiência naquele plano. Com perturbação contínua nos olhos, dores e vista turvada, eu dependera dos meus óculos, mas até mesmo eles não me auxiliaram muito. Finalmente, marquei uma consulta com um oculista, que só poderia ser feita dentro de três semanas. Durante esse tempo, as lições do meu Instrutor Interno ajudaram-me a esclarecer o que estava acontecendo. Foi-me mostrado que, à proporção que a visão interior se fosse desenvolvendo, ela cuidaria dos meus olhos e que nenhum trabalho com relação aos sintomas físicos ajudaria naquele caso. Alguns dias antes da consulta, houve uma mudança, quando passei para o sétimo plano. Comecei a enxergar com maior clareza e meus olhos tornaram-se mais fortes do que tinham sido há anos. No exame, o oculista descobriu que a minha visão melhorara muito e eu já não tinha necessidade de óculos. Essa magnífica clareza continuou, na maioria dos planos, através dos anos.

Sétimo Plano – O Chacra da Coroa

O Instrutor explicou que cada pessoa encontraria o caminho deste plano no momento exato. Enquanto andava de helicóptero com meu Eu Superior, toda a minha atenção voltou-se para uma cena abaixo de nós.

À distância, havia uma povoação onde as pessoas estavam passando por grandes necessidades. Algumas morriam de fome, outras estavam famintas e ansiando por sustento. Todas procuravam uma forma de auxílio. Diretamente abaixo de nós, três cavalos estavam puxando uma pesada carga em direção ao vilarejo, levando vários tipos de alimento que aquelas pessoas necessitavam. O cavalo dianteiro estava alguns centímetros à frente dos outros dois; o cavalo da direita mantinha-se fiel ao seu curso, guiado pelas rédeas na mão do homem que o conduzia; mas o da esquerda era facilmente desviado do caminho pelo cavalo dianteiro que não tinha rédeas, pois lhe fora dado o livre-arbítrio. O cavalo da esquerda tentava ajudar telepaticamente o cavalo dianteiro, mas este ainda não tinha aprendido a se pôr em sintonia. Usando do seu livre-arbítrio, ele desviava-se teimosamente para fora da rota, sempre para a esquerda, já que não conseguia desviar de seu rumo o cavalo da direita. Muito tempo e energia estavam sendo perdidos, já que aquilo retardava drasticamente o progresso dos outros dois cavalos. Essa luta muito sem propósito mantinha o cavalo dianteiro surdo à maravilhosa orientação continuamente enviada pela pessoa que o guiava.

Ficamos perplexos com a incrível paciência do condutor e eu senti um grande desejo de ajudá-lo. Finalmente, perguntei ao meu Eu Superior se me seria possível ajudá-los de alguma maneira. Ele perguntou:

"Você se sente real e inteiramente dedicada a auxiliar que este alimento seja entregue àquelas pessoas famintas?"

Enquanto eu pensava naquela pergunta, ele me explicou que era necessário muito mais do que alimento físico e que a tarefa não seria fácil. De repente, tive a certeza de que devia tentar, segura de que o cavalo dianteiro responderia ao meu auxílio. Até mesmo o fato de que o meu Eu Superior não poderia ficar lá embaixo quando me deixasse sair do helicóptero, não me deteve. Eu tive certeza de que ele poderia apanhar-me novamente. Descemos, e eu saí do veículo não muito longe dos cavalos. Um momento antes de o helicóptero levantar vôo, ouvi meu Eu Superior dizer:

"É por isso que algumas pessoas voltam à terra. Retornam com um propósito muito real."

Em seguida, ouvi o ruído do motor, enquanto chamava pelo cavalo dianteiro. No momento seguinte, como num sonho, eu era realmente aquele cavalo dianteiro! Com um sentimento de frustração diante dessa espantosa mudança dos fatos, achei a responsabilidade quase esmagadora, pois a tensão interior tornou-se maior. Podia ainda lembrar-me da povoação logo adiante e da desesperada necessidade em que estava aquele povo, mas eu fora apanhada pelo padrão de hábitos do cavalo. Tive lampejos de auto-importância e a sensação de que podia usar meu livre-arbítrio como bem entendesse. Consumida pelo mau uso da energia, eu só me lembrava vagamente do poderoso condutor que estava tentando guiar-me. Aos poucos, foram ocorrendo instantes de percepção e comecei a captar os raios da luz orientadora e, intuitivamente, entrei em ritmo com os outros dois cavalos. Senti a força do cavalo que estava à minha direita, enquanto ele era guiado para a povoação. Os instantes de percepção vinham com maior freqüência e comecei a sentir menos vontade de desviar-me do rumo e retardar os outros cavalos. De súbito, senti completa liberdade, pois podia mover-me fácil e livremente emparelhando-me com os outros dois cavalos. Uma luz focalizou seu raio sobre mim e eu me dei conta do condutor. Ouvindo atentamente, pude captar a sua voz e comecei a perceber claramente, enquanto ele falava:

> *"Você é todos os três cavalos. Dentro de você está a necessidade de unificação com o seu Eu Superior e a totalidade de seu verdadeiro ser. Agora você tem que aprender quase tudo."*

Quando acordei do sonho, compreendi quem eram os cavalos. Eu, o eu consciente, tinha sido o cavalo dianteiro, possuidor do livre-arbítrio. À direita estava o meu Eu Superior, na verdade, caminhando para o divino plano da minha vida e, à esquerda, estava o meu Eu Básico, que dirige e controla o meu corpo. Eu iria aprender muito sobre o meu Eu Básico ao nos tornarmos companheiros, carregando o ônus da vida. Tornei-me consciente dos níveis de consciência que formam todo o ser de um indivíduo e estava aprendendo algo sobre os seus relacionamentos. Senti, novamente, a magnífica liberdade de quando me entreguei ao auxílio condutor e cessei de empacar e de me desviar do caminho. Sabia que tinha chegado a um ponto onde podia deixar que a orientação fluísse e o amor mais jubiloso e a energia criativa fossem usados, à proporção que o caminho se abria para novas aventuras.

CAPÍTULO III

AVENTURAS DA PERCEPÇÃO

"Veja onde está a sua atenção e procure o que deseja criar; você encontrará o que procura."

Novos mundos se abriram na minha consciência e na minha vida, enquanto eu estava sendo preparada para ingressar na percepção da Era do Aquário, na Comunidade de Findhorn, um centro de luz, ao norte da Escócia.

Do mesmo modo repentino como aquela primeira luz havia aparecido, quando eu estava saindo do longo e escuro túnel, agora encontrava-me diante de uma segunda e poderosa luz. A primeira havia trazido um mundo novo de aprendizagem e aventuras da percepção. Perguntei ao meu Eu Superior o que aquela segunda luz traria e ouvi apenas o eco:

"Fé e confiança como você jamais conheceu."

Aos poucos, meus olhos foram se ajustando àquele brilho. Uma figura maravilhosamente iluminada, parecendo maior do que o tamanho normal, estava de pé diante de mim e, para mim, era o Cristo. Olhava-me com delicada ternura e uma expressão de desvelo que me sustentava em seu amor. Senti-me segura, sabendo que, acontecesse o que acontecesse, eu estava sob a sua proteção. Então, apenas por um momento, tive a sensação de que havia uma presença escura, um pouco atrás de mim, não ameaçadora, mas, antes, dando-me conforto.

Ao voltar-me novamente para o iluminado, ele fez um rápido movimento com o braço no espaço à nossa frente e ali ergueu-se uma grande muralha de fogo. Além de nós, tudo estava em chamas e a minha mente estava repleta de indagações. Imaginei se aquilo era a experiência pela qual muitas pessoas passavam, sem a revelarem. Quando a mente se aquietou, uma voz falou em algum ponto profundo da minha consciência, tão vibrante, que cada átomo do meu corpo pareceu responder e fazer ecoar as palavras em minha mente.

"Responderei às perguntas que você não formulou. Sim! Você passará pelo fogo, mas não se queimará fisicamente. Essa queima das impurezas das nossas criações incorretas é como um sacrifício por parte daqueles que fazem uma profunda entrega. Você deve passar por isso sozinha, pois isso representa um passo em direção à unidade com a vontade do Pai. Não tenha medo dessa barreira de fogo, pois eu estou caminhando com você."

Compreendi, então, que essa era a voz que me havia guiado nas meditações matinais, quando precisava de mais força e coragem interiores. Agora, quando seu braço tornava a mover-se sobre as chamas, elas diminuíam, formando uma barreira de apenas algumas polegadas de altura e, além delas, estavam três figuras revestidas de uma luz branca e radiante, uma das quais era o Iluminado. O manto da segunda tinha uma luz menor e trazia, na frente, um "R", que cintilava como diamante. De súbito, compreendi que a terceira figura era o meu próprio Eu Superior e, no seu ser, eu fui elevada e transformada. Ouvi o nome A u m a k u a, que parecia pertencer ao meu Eu Superior.

Lentamente, o Iluminado ergueu as mãos e estendeu-as em nossa direção e, seguindo sua orientação, erguemos nossas mãos para ele e para cada um dos outros. Meus dedos tocaram levemente os de "R" mas, imediatamente antes que os dedos do Iluminado tocassem os nossos, erigiu-se um poder através de nós e a visão desvaneceu-se.

Fiquei acordada durante algum tempo, repassando a cena e perguntando a mim mesma o que poderia significar aquele acontecimento. Sabia que havia visto os que, pacientemente, me haviam guiado e instruído durante aqueles meses de hesitação e morosidade. Uma sensação de incrível poder me envolvia, ao recordar o magnífico Ser de Luz que estivera ao meu lado esquerdo, na visão, e compreendi que, dentro do meu Eu Superior, eu tinha estendido a mão e tocado a dele. Estava certa de que alguma coisa naquele contato jamais seria rompida, um vínculo mais poderoso do que qualquer outra coisa que eu tivesse experimentado nesta existência. Tinha de ficar sob sua instrução e conhecê-lo como "R", meu Anjo da Guarda. De novo, senti a radiância do meu Eu Superior, e uma divisa que eu adotara nos dias de escola passou por minha mente: "Deus dá-me colinas e energia para escalá-las."

Agora, aquelas colinas tornavam-se mais reais para mim e eu senti que a força ilimitada do meu Eu Superior era igual à força de cada uma delas. Sabia que esse auxílio estaria disponível quando eu pudesse libertar o meu pequeno livre-arbítrio e a minha mente da descrença e deixar que a sabedoria, a energia criativa e o amor curativo daquele magnificente Eu Superior fluíssem através de mim, transformando-se em ações da minha vida.

Devo ter adormecido por algum tempo, porque haviam-se passado duas horas e já era tempo de me preparar para a meditação matinal. O sonho era uma viva realidade que não se havia apagado, como acontece freqüentemente com os sonhos. Na meditação, a voz vibrante do Iluminado me guiava. Minha mente estava clara quando me concentrei nas palavras:

"Caminhe conosco na liberdade deste sétimo plano. Não dependa de ninguém. Esteja segura e permaneça absolutamente fiel aos que a guiam na linha da luz. Estamos com você, conhecemos suas necessidades e estamos sempre prontos para atendê-las. Guarde como sagrada a visão que lhe demos, compartilhe-a somente com o seu guia até que o fogo cesse, destruindo parte das impurezas. Depois, meu trabalho começará e sua força será aumentada. Por você ter aceitado nosso ensinamento voluntariamente, passará pelo fogo."

O poder do seu amor deu-me uma sensação de segurança, mas fiquei a pensar como seria a experiência do fogo. Como parte da preparação, fui levada, na minha consciência, a observar minha mente e meu corpo em ação. Houve um comando que vinha de vários ângulos:

"A antecipação deve ser cortada logo no princípio porque interfere com a vontade de Deus para o seu maior bem."

A diferença entre antecipação e expectativa foi assim explicada:

"Por antecipação, entendemos o ato de compor planos e idéias daquilo que você gostaria que acontecesse ou o ato de pensar que

eles estão no Plano Divino para você, o que é extremamente limitador e possui a devastadora característica da manipulação. Expectativa é abrir o caminho, com fé, e permitir a vinda daquilo que for melhor."

Houve outra lição, repetida com freqüência:

"Viva no AGORA! Aprender a viver no momento presente produz liberdade e alegria e rompe as grades da prisão dos arrependimentos passados e do tempo desperdiçado em preocupações com o futuro. A mente fica livre para ouvir o Instrutor Interno com revigorante amor para o seu corpo e para com tudo o que a rodeia."

Na aula de meditação, fomos convidados a fazer um trabalho de oração e cura.

"Do lago tranqüilo diante de você, com seus calmos reflexos, chega uma brisa ligeira, que se movimenta sobre a água, trazendo com ela um grande poder. Reúna-se a nós, agora, e vá em frente com esse poder, deixando que o amor e a cura de Deus se estendam sobre muitas pessoas. Observe, mas não se identifique com isto nem com os necessitados. Em regiões de carência, o poder atua sobre muitos que se abrem e pedem auxílio, inspirando-os a ajudarem outros. Cria-se uma reação em cadeia que, para alguns, se manifesta sob a forma de sonhos, para outros, na meditação e se transforma em prece em seus lábios e em seus corações, e deles surge a palavra que se faz ação. Quando a mente humana não se coloca no caminho, os maiores trabalhos do Pai se realizam."

Eu me sentia exultante quando me pediam que fizesse um trabalho especial, pois isso queria dizer que confiavam em mim.

"Perguntamos se você pode nos dar a sua mente e o seu coração para que sejam escritas algumas cartas por meio da sua mão e que sejam enviadas para onde você for orientada a endereçá-las. Há algumas pessoas pedindo ajuda e devem ser atendidas. As cartas podem ter pouca significação aos seus olhos, mas serão

de todo certas para seus destinatários. O seu papel é importante, pois essas pessoas a aceitam com a mesma confiança que sentiam quando estavam junto a você. Não será insistir demais dizer o quanto é necessário que realize bem esse trabalho de amor."

Embora não tivesse havido nenhuma dificuldade em deixar que aquelas cartas fossem escritas durante o silencioso período da meditação, achei realmente difícil enviá-las. A primeira ficou sobre a minha mesa por mais de duas semanas, testando, a cada dia, a minha coragem; então, um parente escreveu-me, dizendo que o homem a quem a carta devia ser dirigida perguntava-se por que eu nunca lhe escrevia. Isso resolveu o caso. Os Eus Superiores estavam interligados e não iam deixar que eu faltasse à minha responsabilidade. Enviei a carta.

Aos poucos, fui observando que importantes modificações estavam ocorrendo na vida de algumas das pessoas às quais as cartas tinham sido enviadas. Fiquei repleta de júbilo e de gratidão e senti que confiava mais prontamente na orientação que recebia. Continuamente, eu estava sendo advertida de que, por trás do encontro com cada pessoa que era trazida à minha vida, havia um propósito. O Instrutor explicou:

"Cada um possui certas necessidades que devem ser atendidas, algumas para o progresso deles próprios e outras para o seu; mas há aprendizagem e alegria para ambos em toda experiência."

Os acontecimentos se sucediam rapidamente em minha vida e eu estava começando a sentir-me mais forte, embora, ao mesmo tempo, mais vulnerável. Certa manhã, tive outro sonho desafiador.

Numa grande cidade onde eu trabalhara durante anos, vi-me participando de uma entrevista anual de avaliação. Contida nessa avaliação que, de outra forma, seria agradável, havia uma frase que me intrigou e eu pedi explicação à entrevistadora. O tom leve da conversa modificou-se e ela disse, com voz tensa: "Achamos que a senhora não é honesta."

Aquilo me atingiu em todos os níveis. Minha mente vacilou e um nó formou-se em meu plexo solar. Eu sempre tentara ser totalmente honesta. Em minha confusão, ouvi novamente a voz da entrevistadora:

"Não estamos nos referindo à significação habitual da palavra, de manipulação de dinheiro, de não dizer a verdade. Estamos nos referindo a algo muito mais profundo. Pensamos que a senhora antecipa o que deseja ou sente que será bom e, então, força as coisas para que isso aconteça."

A palavra manipulação veio de súbito à minha mente, quando acordei. Meus Instrutores Internos captaram o sonho que estava obcecando a minha mente:

"A análise desta manhã atingiu-a duramente porque há um elemento de verdade nela, que você deve estudar. Procure ver-se claramente, ver suas forças e suas fraquezas, e proceda sem hesitação e sem disfarce. Não lhe mostramos a necessidade de pureza e de honestidade de motivos, de forma que sua vontade mais elevada possa guiá-la. Guarde-se do controle da pequena vontade, dos impulsos e dos desejos egoístas. Mantenha a fé, pois estaremos com você durante todo o dia."

Eu não havia compreendido. De repente, percebi que isso era parte da preparação e da purificação necessárias, antes que eu estivesse em condições de enfrentar as chamas purificadoras do fogo.

Aquele dia não foi diferente dos demais, mas as palavras "honestidade" e "chamas" introduziram-se nos meus pensamentos durante todo o tempo. Sentia-me tão inquieta, que fiquei satisfeita quando o relógio marcou dez horas, minha hora habitual de dormir. Ajoelhei-me junto à cama para fazer, cheia de gratidão, uma prece simples e terminei-a dizendo: "Seja feita a Vossa vontade."

Imediatamente, eu estava nas chamas. Senti-me submersa nelas e dominada. As chamas movimentavam-se por todo o meu corpo, ofuscando meus pensamentos com uma fulgurante luz e enchendo a casa inteira. Não havia por onde escapar. Vi-me tentando manter as chamas à distância, apenas com a força de vontade. Houve um aterrador momento de dúvida, quando me senti abandonada e desesperadamente sozinha.

Então, recordei algumas das palavras de conforto e coragem que tinham surgido durante as horas de meditação e comecei a parar de lutar. Já não sentia como se quisesse tentar escapar às chamas.

Caminhei para a frente com mais confiança, enquanto as lições dos meses passados me vinham à mente para me ajudar. Compreendi que estava passando pela repetição de algumas das mais difíceis experiências de minha vida. De certa forma, elas estavam sendo destruídas pelo fogo e eu compreendi que não mais as carregaria comigo, arrependendo-me ou sentindo-me culpada. Um desses acontecimentos destacou-se claramente. Certa vez, bem antes dos sonhos significarem alguma coisa para mim, eu havia tido a premonição de um acidente. Não fiz caso do sonho, nem sequer o mencionei, mas, nesse dia, três amigas e eu tivemos um grave acidente de automóvel, no qual nós todas ficamos feridas. Mais tarde, quando cheguei a compreender como nossos Anjos da Guarda nos advertem por meio dos sonhos, criei um profundo sentimento de culpa por não ter falado a respeito e, com isso, modificado os nossos planos.

Enquanto as chamas continuavam a queimar a energia desperdiçada no arrependimento do passado, tive uma clara compreensão da minha responsabilidade com relação aos sonhos e à ação que eu deveria aprender a realizar. Fiquei a me perguntar se todos os nossos sonhos conteriam lições e teriam significado para nós.

Lentamente, minuto a minuto, as chamas continuaram ardendo e, embora eu ainda lhes resistisse, ia me tornando consciente do seu efeito purificador. O fogo vinha agora em ondas, cada uma delas trazendo certo aspecto da minha vida que precisava ser liberado. Um deles era a minha predisposição para culpar os outros, quando as coisas não corriam como eu achava que deveriam correr. As lições haviam-me ensinado que tudo quanto eu criara em minha vida voltaria em algum momento e de alguma maneira para ser purificado, e que ninguém deveria jamais ser culpado. Compreendi então que, embora soubesse disso com a minha mente, ainda sentia uma arraigada necessidade de justificar os meus pensamentos e ações e, ao começar a liberar essa necessidade, percebi que ela queimava.

À proporção que cada aspecto ia sendo purificado, todos os conceitos e hábitos errôneos que eu podia liberar evaporavam-se nas chamas. Senti que, se os velhos padrões e reações tentassem de novo erguer suas cabeças, a clareza e o alívio daquele acontecimento viriam em meu auxílio.

Uma poderosa onda de fogo relacionava-se com o medo, que eu agora via como um mau uso da energia. O medo do desconhecido continuou ardendo por algum tempo, depois apagou-se, deixando-me com a consciência de que a luz e o amor sem limites do meu Eu Superior têm maior poder do que qualquer coisa ou qualquer ser manifestado e que não pode ser atingido por poderes menores. Sentia-me mais segura por saber que poderia caminhar com confiança para onde meu Eu Superior me guiasse, mesmo que se tratasse de território desconhecido. Repetidamente, continuavam chegando ondas de cólera e ressentimento para serem destruídas. Eu me via confrontada pelas minhas reações diante de injustiças, inseguranças e ciúmes insignificantes e muitas vezes imaginários, e percebi que através dos anos essas coisas não só haviam desgastado minhas próprias energias criativas como também haviam afetado negativamente outras pessoas. As violentas ondas de cólera revelaram-se como falta de percepção, como interesses egoístas e até mesmo como falta de equilíbrio da minha alimentação. Agora, a cólera parecia ter sido inteiramente queimada e a claridade que me envolvia era um alívio profundamente confortador.

De novo, tive a impressão de estar totalmente só. Então, à distância, ouvi vozes cantando o *spiritual* negro "Sidrac, Misac e Abdênago": "Foram três e voltaram quatro. Você não percebe?" Lembrei-me da promessa do Iluminado, de que estaria comigo. Como pude ter esquecido? Agora sabia que, pelo menos no nível superior, eu não estava só. Quando tentei vê-lo nas chamas, aguardando com expectativa, sua voz chegou até mim:

"Não resista! Não resista e será menos difícil para você."

Fiquei mais calma, mas descobria agora que estava enfrentando um grande medo de prejudicar meu corpo físico. Observei-o consumir-se. Ficou inteiramente queimado, e lá estava eu, inalterada, a não ser pelo fato de ter ficado mais livre e radiante, com uma jubilosa sensação de leveza. Fora tão simples como o ato de despir uma velha roupa, só para descobrir que sob ela havia uma outra, mais bela.

Vi, finalmente, o valor do que estava acontecendo e aceitei aquela experiência. Com a diminuição da tensão, desejei dormir, mas eu parecia saber que devia resistir até que o perigo passasse. Fiquei a me indagar se ele passaria.

As chamas continuaram e eu revivi uma experiência de anos atrás, que me fez compreender que, apesar de minha escolha exigir um grande esforço, eu tive perseverança para mantê-la. Alguns estudantes e eu, depois de um tranqüilo dia no Louvre, em Paris, tínhamos começado, por brincadeira, a subir os degraus da grande escada-rolante que descia para a rua. Eu sentia minha garganta e meu rosto arderem pelo tremendo esforço, tal como acontecera naquele dia, há tantos anos e, embora fosse a última, não cogitei de voltar a descer para subir pelo caminho mais fácil. Enquanto vivenciava essa experiência, compreendi que, na vida, escolhera tomar o caminho mais direto para a evolução espiritual do planeta, com autodisciplina e profundo empenho, sem pensar em retraimento ou numa existência fácil.

A promessa da visão estava me ajudando, mas eu não me sentia segura quanto a que lado do véu eu me encontraria quando as chamas se extinguissem. Parecia-me ter vivido durante dias naquele fogo, quando as coisas foram se transformando. Mas, momentos depois, vi que estava ajoelhada junto à minha cama.

Lançando os olhos para o relógio, descobri que eram duas horas da madrugada; tinham se passado exatamente quatro horas desde que as chamas me haviam envolvido.

Decidi tentar registrar a experiência e, uma hora depois, acabei de escrever. Já ia me deitar, pensando que não precisaria de meditação àquela hora da manhã. Mas esse pensamento depressa foi afastado e mergulhei em profunda e revigorante quietude. Uma voz disse, claramente:

"Quando você estiver em sintonia com os raios de seu Eu Superior, aprenderá a poupar tempo, energia e muito do esforço da luta humana."

Durante algum tempo, estive num lugar de beleza e paz, onde meu corpo e minha mente se refizeram por completo. Depois de algum tempo, a voz voltou a falar sobre aquela experiência curativa:

"Não torne a olhar para as chamas, não há nada ali para ver. É um privilégio seu seguir em frente comigo, para que o trabalho do Pai possa ser feito. Trabalhe alegremente em toda a oportunidade de levar adiante o plano, em sintonia com a vontade do Pai."

Mais tarde, me disseram que o estar imersa naquele mar de cura havia anulado os efeitos de uma noite insone. Nessa profunda quietude, me veio à habitual meditação da manhã, quando ouvi a voz do Iluminado:

"Passando através da barreira de fogo, você ficou repleta de luz e alegria. Você tem um grande débito para com 'R', que a ajudou nessa ocasião com seu silencioso e amoroso apoio. Não tente descrevê-la a ninguém, pois as palavras destruiriam a maravilha, a beleza e a alegria. Agora você estará mais aberta para ser guiada com maior segurança e, tornando-se mais forte, muitas pessoas irão procurá-la e, através de você, nós as ajudaremos. Viva suavemente este dia, porque ele é sagrado. Fique em paz."

Fiquei a pensar o que seria esperado de mim. A vida seria diferente? Eu agora via de um ponto mais elevado e de uma perspectiva mais ampla e sentia uma forte sensação de responsabilidade. Minhas respostas depressa começariam a vir de forma inesperada, enquanto os acontecimentos se sucediam rapidamente.

Logo me vi compartilhando, de modo hesitante, com duas amigas, na Suíça, um pouco dos primeiros escritos e fatos da meditação. Minha anfitriã ergueu-se e saiu da sala; retendo a respiração, fiquei a pensar se fora correto falar nisso. Retornando, ela pôs em minhas mãos um opúsculo intitulado: *Amor e Verdade Ilimitados*, de David Spangler, dizendo: "Sei que isto é para você."

O opúsculo abriu-se numa página datada de 3 de setembro de 1970. Lembrando-me que minha primeira escrita guiada tinha sido feita naquele dia, enchi-me de tremenda excitação. As respostas começaram quando as minhas amigas disseram: "Há um lugar chamado

Findhorn, que se baseia na obediência à orientação recebida durante a meditação. É um centro de luz que fica num estacionamento de *trailers*, no norte da Escócia."

As minhas amigas falaram-me dos fundadores da Comunidade de Findhorn: Eileen Caddy, cuja orientação, vinda de Deus, fora a semente, e Peter Caddy, que tão vigorosamente levara adiante a orientação, superando todas as dificuldades. A pequena comunidade estava florescendo. Falaram também do jovem americano David Spangler, que, através de seu Eu Superior, e de guias muito iluminados, dizia palavras de sabedoria, amor e verdade, que guiavam e fortaleciam a comunidade.

O conhecimento de que existia um lugar assim foi um poderoso impacto em mim e tive a certeza de que devia visitá-lo. Imediatamente comecei a fazer planos; mas, cada vez que eu estava prestes a partir, alguma coisa me impedia de modo extraordinário.

Caminhando às margens do lago de Vevey em certa tarde ensolarada, eu conversava com uma amiga sobre Findhorn quando, espontaneamente, ela disse: "Fique para jantar comigo e iremos ao turismo noturno. Esta noite, eles exibem filmes e *slides* de lugares lindos, para onde planejam excursões. A Inglaterra e a Escócia estão na lista desta noite e lá todo mundo é bem-vindo."

Depois do jantar, saímos para uma noite de divertimento. Pediram-nos que preenchêssemos um formulário, fornecendo o nosso endereço e uma lista dos lugares que gostaríamos de visitar. Alguém disse: "Agora estamos nas listas deles e vamos receber uma porção de circulares pelo correio." Vimos a exibição de belos filmes sobre vários países, mas tivemos de sair antes do término do programa para que eu pudesse apanhar o trem para casa.

Passados três dias, como fora previsto, recebi um envelope do correio, vindo da *Turismo para todos*. Não estando interessada em excursões, eu ia jogar fora o envelope quando reparei que ele fora enviado como expresso e parecia oficial. Como o meu francês era limitado, passei a carta para a minha amiga ceramista, a fim de que a traduzisse para mim. Olhando para a carta, ela deu tamanho grito que uma vizinha veio ver o que estava acontecendo. Quando consegui entender um pouco da sua animada tagarelice, elas disseram: "Você ganhou o primeiro prêmio, uma viagem a Istambul!"

Eu não tinha reparado que o formulário que preenchera ia servir para um sorteio naquela mesma noite. Aquilo modificou meus planos e eu parti para uns cinco mágicos dias na Turquia. O Corno de Ouro, o Bósforo, os restaurantes e a arquitetura, conversas com as pessoas sobre seus pontos de vista e interesses, e até o fato de estar pisando pela primeira vez no solo da Ásia – tudo isso era uma experiência fascinante. Como eu estivesse com pessoas que falavam francês e alemão, o diretor mandava-me buscar todas as manhãs de carro, no Hotel Hilton, para que eu me reunisse a um pequeno grupo que falava inglês, e isso tornou mais completa a visita. As pessoas com as quais eu excursionava tinham um particular interesse pelas mesquitas e eu também me senti atraída por elas. O guia da excursão deu-nos uma esplêndida explicação sobre a religião do país e providenciou para que pudéssemos conversar com pessoas de diversas idades.

Embora a Mesquita Azul e a Santa Sofia fossem maravilhosas e impressionantes, foi numa das mesquitas menores que uma força me moveu para um ponto onde me sentei no chão atapetado para meditar. Algo naquela mesquita, como uma presença, dava-me profunda sensação de afinidade com o povo e, aos poucos, algumas pessoas atraídas para aquele cantinho onde eu estava, puseram-se a meditar a meu lado. Um vínculo se estabeleceu entre nós, rompendo todas as barreiras de linguagem, cultura, religião e nacionalidade.

Nessa mesma ocasião, certo embaixador foi seqüestrado e estava preso em algum ponto da cidade. Todos os edifícios estavam sendo vasculhados e foi imposto um toque de recolher total. O domingo foi gloriosamente ensolarado e tivemos permissão para subir ao telhado do hotel, com sua vista abrangente. Não havia viva alma nas ruas que, habitualmente àquela hora do dia, fervilhavam movimentadas. Ali tive oportunidade de conversar com um jovem, que demonstrava notável profundidade de devotamento e autodisciplina ao mesmo tempo. Obtivemos permissão especial para que nos conduzissem ao aeroporto e para decolar dentro do horário, embora ainda vigorasse o toque de recolher. Aquilo tudo foi uma excitante aventura.

Relembrando o que se passara, fiquei fascinada ao verificar a preocupação que tivera meu Eu Superior para evitar que eu fosse a Findhorn cedo demais, já que ele sabia que eu ainda não estava pronta para isso. Passaram-se alguns anos antes que eu descobrisse que tinha sido enviada à Turquia por duas razões muito mais importantes. A primeira, para adquirir uma compreensão mais ampla das outras religiões, o que me preparou para aceitar, do fundo do coração, a essência de todas elas; também pude reconhecer que toda gente é livre para venerar o Poder Supremo à sua própria maneira. A segunda, para compreender a importância da autodisciplina espiritual que se mostrava, de modo tão claro, como parte da vida de muitas pessoas naquele lugar. Isso conferiu-me o entusiasmo íntimo de que eu precisava e, desde essa ocasião, nunca mais deixei de ir ao encontro dos meus períodos de silêncio, todas as manhãs, com alegria e entusiasmo, algo que até então eu nem sempre fizera.

Quase imediatamente, surgiu outro campo de experiência e de melhor preparação para a aventura que tinha pela frente: fui convidada para o chá do Domingo de Páscoa em Caux, o centro internacional do Rearmamento Moral, nas montanhas que dão vista para o Lago de Genebra. Quando estava me preparando para partir, ocorreu-me a idéia de levar um pequeno estojo de viagem, porque a tarde poderia prolongar-se.

A subida pela pequena ferrovia, movida por um cremalheira, foi adorável, com a paisagem das montanhas, das aldeias e do lago. Enquanto íamos tecendo nosso caminho pelas encostas íngremes da montanha, eu contemplava o lago, primeiro de um lado do trem, depois do outro, e pensava no modo como a mesma coisa – ou a mesma circunstância – pode ser diferente quando vista de um ângulo diferente.

Meu amigo estava à minha espera no alto da montanha e, quando caminhamos em direção à grande casa central, ele me falou um pouco sobre o que podíamos esperar. Encontrei muitas pessoas de vários países, e tive uma acolhida tão cálida e amistosa que, quando insistiram para que eu ficasse e participasse mais ativamente do programa, aceitei com satisfação. Com todas as atenções recebidas, meu tão cordial "Chá da Páscoa" durou três dias.

Caux tinha sido fundada pelo americano Frank Buchmann, do Grupo de Oxford, em cujos altos princípios morais seus membros estavam profundamente envolvidos. Mais tarde, o nome da organização foi mudada para Rearmamento Moral. O admirável povo suíço que apoiou aquele movimento escolheu Caux para o seu centro internacional; as pessoas vinham de todas as partes do mundo para reuniões de até 1.400 participantes. Essas reuniões de verão eram organizadas e mantidas por voluntários suíços, e os hóspedes, sob supervisão, tomavam parte no trabalho. Equipamento de som e tradutores levavam os programas aos ouvintes por meio de fones de ouvido, em várias línguas, simultaneamente. Havia, em tudo, um alto padrão de qualidade. As pessoas eram levadas a encarar suas próprias vidas com uma clareza que, embora muitas vezes dolorosa, era, ao mesmo tempo, magnífica.

Encontrei em Caux, não apenas uma maravilhosa acolhida, mas também um profundo desafio. Conheci pessoas que se tornariam amigos leais, criando um laço espiritual que se manteria através dos anos. Lá, na minha meditação, esta experiência marcante foi acolhida pelo Iluminado com uma clareza que se mostrou ao mesmo tempo encorajadora e penosa.

> *"Paz, amor e silêncio são dádivas preciosas que você sempre pode levar consigo; a partilha, a oferta e o novo poder abrem-se para a sua consciência. Você tem vivido uma experiência de revitalização, numa atmosfera de beleza e honestidade e destituída de egoísmo. O ímpeto do vigor vital é novo para você, porque está iniciando a próxima volta da espiral, a espiral do maior aprendizado, da vida mais sensata e do domínio das coisas que trarão ordem e simplicidade à sua vida.*

No imenso refeitório, as pessoas, seguindo um impulso interior, escolhiam seus lugares em pequenas mesas. Um dia, estando à mesa com vários membros mais velhos, eu conversei durante algum tempo sobre o impacto de Caux e sobre minha própria reação, até perceber que ninguém mais estava falando. À medida que a refeição prosseguia em silêncio, senti-me constrangida, depois frustrada, até que, finalmente, alguma coisa da silenciosa beleza me atingiu. Esse silêncio não era mantido na maioria das mesas, mas aprendi muitíssimo sobre mim mesma numa só refeição. Em meu estado de receptividade, as sensações e lições contidas naqueles três dias poderiam ter preenchido anos.

Na minha primeira meditação, depois que voltei para casa, senti como se as comportas interiores estivessem explodindo, abrindo-se sob o impacto da experiência de Caux, onde aquelas pessoas, de forma tão afetuosa, haviam me ajudado a olhar para dentro de mim mesma. O meu velho hábito do egocentrismo estava sendo varrido numa torrente de lágrimas, e um pouco da silenciosa paz de Caux começava a preencher uma pequena parte do vazio. Pedi compreensão e auxílio e a resposta veio depressa. O telefone tocou. Eram duas amigas íntimas que me chamavam para perguntar como eu estava passando. Ao perceberem, pela minha voz, que eu estava perturbada, elas vieram imediatamente me buscar. Uma troca de experiências, durante uma tranqüila conversa, ajudou-me a me colocar em foco novamente, mas dessa vez num novo nível. Na manhã seguinte, meu Instrutor Interno deu-me outra resposta:

> *"Silêncio. Você pergunta por que é tão difícil. Você tem uma casca cristalizada para romper, para que a voz silenciosa do seu Eu Superior possa ser ouvida. O silêncio significa viver tão aberta para o centro de seu Ser, que minha voz possa ser ouvida a qualquer momento."*

De vez em quando, eu voltava a Caux. Ali encontrava a compreensão da orientação e da escrita nos momentos de silêncio, o que confirmava a minha própria experiência e me permitia saber que isso era algo que muitas pessoas faziam, não sendo incomum. Uma das coisas que mais me ajudaram foi a declaração do fundador: "A ponta da pena é o contato entre o Céu e a terra."

Foi ali que tive conhecimento, pela primeira vez, da orientação de grupo. Na padaria, onde alguns de nós iriam fazer bolos para o chá, o diretor nos leu uma lista de coisas a serem realizadas e, depois, nos disse que, quando nos aquietássemos por alguns instantes, cada um saberia a parte que deveria realizar. No profundo silêncio, o pensamento de preparar os ovos me veio subitamente à mente. Estávamos em círculo e o diretor perguntou a cada um de nós qual seria a sua parte; como eu era uma das últimas a responder, fiquei muito aliviada por ninguém ter escolhido o que eu pretendia fazer. Todos nós tínhamos nos sintonizado para descobrir nossa parte no todo e o trabalho foi realizado de modo perfeito.

Caux foi, para mim, uma experiência de aprendizado vital, em que tive consciência da importância de dar uma contribuição tão boa quanto me fosse possível durante a minha estada; sentia, porém, que se tratava apenas de um degrau que me levava a uma experiência maior.

O Iluminado disse-me:

> *"Você deve sacrificar-se muito mais do que tem se sacrificado até agora. Isso é para a sua própria segurança, pelo brilho e*

poder que lhes são disponíveis. Você fala a respeito deste trabalho e o percebe como o viu na barreira de fogo em sua visão; mas, na realidade, passar por ele é uma coisa muitíssmo difícil. Assim será essa nova experiência."

Nessa ocasião, tive uma experiência parecida com um sonho, quando estava meditando.

Eu estava no alto de uma colina e olhava para dois caminhos, lá embaixo. Um deles estava cheio de uma luz oriunda dos pensamentos e das ações confiantes, e revelava o excelente potencial das pessoas que nele estavam. O outro estava à merce de todos os ventos da carência, da aflição, do medo e do ódio. Enquanto eu pensava que jamais gostaria de andar por aquele caminho, tornei a ver-me na experiência do dia anterior, durante a qual eu me mostrara ressentidamente crítica. Imediatamente, me vi no caminho acidentado, íngreme, esburacado e coberto de pedras. Enquanto lutava para andar, exausta, com os músculos e os nervos tensos, pela estrada frustrante e lúgubre, uma voz perguntou: "Por que você anda por um terreno acidentado, quando um caminho suave e gramado corre paralelo a este, sempre oferecendo liberdade, conforto e uma forma eficaz de usar energia?"

Fui erguida e levada para o outro caminho. A fadiga desapareceu quando a beleza que me rodeava animou meu espírito, trazendo-me alegria a cada passo. De repente, descobri que estava de volta ao ponto onde começavam os dois caminhos. Ali aprendi que o segredo está no primeiro passo. Mostraram-me que, como eu havia escolhido o caminho pior, pela minha reação negativa, era difícil passar para a adorável estrada que ficava acima e que, quando estava nessa estrada, era inimaginável que eu pudesse, espontaneamente, trocá-la pelo caminho acidentado. A voz disse: "Os que caminham na luz e no amor a protegem bem. Quando você iniciar qualquer empreendimento, faça um momento de silêncio e coloque-se na luz que está sempre dentro do seu Ser. Depois, vá em frente, segura de que o auxílio está sempre à disposição."

Surgiram todos os tipos de dificuldade quando tentei pôr em prática esses primeiros passos. Parecia tão fácil, mas velhos hábitos, assim como a necessidade de autojustificativa, atrapalhavam. E ansiava ser tirada daquele caminho mais baixo, em que com tanta freqüência iniciara a caminhada e, quando pedi ajuda ao Instrutor Interno, ele me respondeu:

"Escolhendo o caminho superior, você deve estar preparada para pagar o preço de deixar que seu olho interior veja de modo mais verdadeiro, impondo-se uma disciplina interior e dedicando-se com entusiasmo ao trabalho. Antes, porém, você deve estar segura de que está preparada para 'aguentar firme'."

Ao dar grande atenção a esses primeiros passos centralizando-me na luz, descobri que a cada momento aquilo se fazia mais fácil. Cheguei, finalmente, ao ponto em que me sentia segura de realmente querer entrar no jogo e, então, recebi mais auxílio:

"Não deixe que pensamento algum a acorrente. Dê-lhe asas, deixe-o ir-se. Veja o trio vestido de branco da sua visão, brilhante e eterno, e deixe-o ser a sua estrela-guia. Nós, que estamos ansiosos por seu auxílio, estaremos com você durante todo o tempo."

A partir dessa ocasião, um dos três estava sempre comigo na meditação da manhã, penetrando em minha consciência e fazendo-me compreender minhas reações. Aprendi que o nosso Eu Superior sabe exatamente o que é necessário a cada situação e para tal chama a nossa atenção através de um livro, de uma pessoa, da meditação, de qualquer forma para a qual estejamos abertos. Há, também, a afetuosa disciplina.

Uma carta que escrevi certa manhã, durante a meditação, foi impedida de seguir para o destinatário e eu fiquei a pensar no porquê. Tive a impressão de tê-la posto no correio com as demais, mas, chegando em casa, percebi que ela ficara em meu bolso. Perguntei o motivo disso e esta foi a resposta que recebi:

"Você 'se identificou'. Sua força está em se manter livre; sua liberdade está em não olhar para trás."

Compreendi que havia deixado o meu próprio sentimento e as lembranças de um antigo relacionamento introduzirem-se, abrandando as instruções da mensagem. Foram retiradas umas palavras e a carta foi enviada.

Certa manhã, durante a meditação, saímos para uma nova aventura. Com uma sensação de ausência de peso, entramos silenciosamente numa ampla estrutura que se erguia em terreno agradável. A música suave fez com que nos sentíssemos bem-vindos e as cores brandas comunicavam paz. Poucas pessoas, aos pares e em grupos de três, estavam no amplo e arejado vestíbulo. O Instrutor disse:

> *"Essas pessoas estão aqui para cura e para a adaptação à vida neste plano."*

Embora fossem leves, os seus corpos pareciam tão reais ali quanto os nossos corpos, mais densos, na terra. Eu sabia que de certo modo esses corpos mais leves estão contidos nos nossos corpos terrenos. O Instrutor explicou:

> *"A cura se faz dentro desses corpos, tanto aqui como na terra. Os ajudantes que vocês vêem estão mantendo um quadro bem claro do brilhante e perfeito modelo do Eu Superior de cada pessoa; eles caminham, suavemente, com cada uma para essa beleza interior, com cuidado, amor e fé. Eles nunca vacilam ou se desencorajam, embora aqueles que para aqui vêm possam ter alguma coisa na estrutura de sua crença que os impeça de fazerem as mudanças necessárias. Freqüentemente, algumas dessas pessoas levam muito tempo para tomar conhecimento do modelo interior e aceitar a beleza íntima e o amor que as transformariam e as curariam. É necessária uma aproximação tranqüila; qualquer coisa mais rápida seria demasiado drástica."*

Reconheci um método que me era familiar e ri baixinho, comigo mesma, ao compreender como aquilo fora verdadeiro em minhas próprias lições e com que lentidão e paciência meus Instrutores haviam me acompanhado. Era muito pouco o que eu podia aceitar nos primeiros estágios dos trabalhos da aula anterior. O Instrutor continuou:

"Assim como os raios do sol trazem luz, os raios curativos têm o poder de colocar os átomos em seu lugar, pela vibração, segundo o padrão que está dentro do Eu Superior de cada um. Isso liberta as falsas estruturas da mente, construídas pelas crenças negativas, e as formas do pensamento que, na realidade, não têm poder, a não ser aquele que a mente lhes dá. Na cura, é essencial que exista uma disposição para pedir e para assumir a responsabilidade pela mudança."

Num jardim florido, estava um jovem aleijado que fazia excelente progresso desde que havia começado a sentir uma liberdade maior. Disse que se chamava Anthony e o ajudante nos autorizou a tomar parte na lição que ele receberia naquele dia.

"É muito mais fácil as células e os átomos do corpo estarem em seus lugares naturais do que serem mantidos em lugar errado. Isso é tão desnecessário como conservar seu braço estendido todos os dias, por causa de alguma crença."

Tivemos de fechar os olhos para que nos fosse revelado o modelo perfeito do Eu Superior de Anthony. Considerei isso como a coisa mais difícil que até então me haviam pedido para fazer, porque a imagem do seu corpo aleijado estava tão clara em minha mente que eu me sentia constrangida e tensa; quanto mais vigorosamente tentava me desfazer daquela imagem, mais frustrada me sentia. A voz do Instrutor interrompeu a minha luta:

"Observe onde está a sua atenção e veja o que você quer criar. Encontrará o que procura."

Então, surgiu em minha mente um quadro da minha própria infância, quando eu estava aprendendo a andar de bicicleta. Meu pai tinha dito: "Procure sempre o trecho liso do caminho porque, se você olhar para as pedras, irá de encontro a elas." Como isso era verdade! Senti o auxílio do meu Instrutor e vi o belo corpo de Anthony ali, de pé, ereto e equilibrado, vestido de azul. O contraste era tão grande que minha atenção se fixou nele. Uma exclamação de prazer trouxe-me de volta e vi Anthony de pé, sustentado por duas pessoas.

Seu rosto estava radiante e ficamos muitíssimo alegres ao saber que o fato de nós termos visto o modelo do seu Eu Superior o tinha realmente auxiliado.

Quando voltamos para a nossa aula, o Instrutor ajudou-nos, enquanto relatávamos o que tínhamos sentido. Ele nos disse:

> *"A cura será feita quando, com fé e amor totais, vocês virem e forem fiéis ao modelo superior da pessoa que querem ajudar. Afastem o uso negativo de energia causado pela sua descrença e aventurem-se para além do seu apego ao conhecido. Vocês devem entregar-se mais inteiramente confiantes e profundamente interessados, antes que possam auxiliar outras pessoas."*

Os Jardins de Bex

Quando a percepção da cura tornou-se mais real para mim, recebi um convite para trabalhar com duas esplêndidas e inspiradoras criaturas num belo lugar do Vale do Ródano, onde, durante algumas semanas, elas compartilharam comigo uma compreensão mais ampla e mais profunda da vida. Trabalhar com elas deu-me uma noção da grande rede de luz existente no planeta, com a qual mantinham muitos contatos. Findhorn era um deles. Certa manhã, novas palavras entraram inesperadamente em minha meditação:

> *"Enquanto você não EXIGIR seu direito, não podemos ajudá-la."*

Aquilo pareceu tão diametralmente oposto a tudo o que me tinham dito até então – soltar, relaxar e não resistir – que eu não pude compreender o que aquelas palavras significavam. Eu estava a caminho de Bex, para passar o dia, e meu rosto devia ter a aparência de um ponto de interrogação quando desci do trem. Meu amigo percebeu imediatamente que alguma coisa não estava bem e disse que conversaríamos sobre isso quando estivéssemos os três juntos.

No ambiente inspirador do jardim, tivemos algum tempo de silêncio juntos e, depois, fiz a minha pergunta. A resposta foi simples:

> *"Você é como uma semente que reivindica a planta que deve ser."*

Nos dias que se seguiram, descobri um delicado equilíbrio entre reivindicação e entrega, o que permitia à energia superior entrar em ação. Ademais, não se tratava de alguma coisa que eu tinha de fazer e, sim, de uma responsabilidade que eu devia aceitar por ter plantado a semente e cuidado dela de forma que brotasse. Então, compreendi que, tendo fielmente e de todo o coração feito a silenciosa meditação todas as manhãs, havia reivindicado o direito de receber o ensinamento e de ser guiada, protegida pela luz e pelo amor dos meus Instrutores. Ainda assim, não estava certa do que era esperado de mim e, por isso, me disseram:

> *"Até você estar preparada e desejosa de plantar esssa semente, reivindicando-a, só podemos apontar-lhe o caminho."*

Eu soube, finalmente, que podia dar aquele passo, permitindo que o amor de meu Eu Superior passasse através de mim na cura, que estava começando a se tornar uma realidade em minha vida. Assim, declarei: "Reivindico meu direito para que todo o meu ser seja colocado em sintonia com a vontade de Deus para a cura." Desfez-se uma barreira mental e eu ouvi a voz:

> *"Este é um trabalho para os Eus Superiores. Veja seu Eu Superior ligado à grande Fonte – a cura ocorre quando o amor que transforma chega aos corpos interiores. Então, há a profunda alegria que lhe permite caminhar até o âmago da dor, como através de um espelho, por assim dizer, até o centro de seu Ser, num plano superior. A perspectiva desse centro verdadeiro, acima da mente e do corpo agitados, permite que você veja e desfaça a causa da dor ou da ausência de equilíbrio e se volte para o modelo perfeito que ali está, dentro de todas as pessoas, esperando ser libertado. Nessa libertação, todos os raios de seu ser podem adquirir uma integridade equilibrada, deixando que o amor que transforma e cura trabalhe dentro dos corpos inferiores. Esses raios movem-se através de você para tudo quanto a rodeia e transmitem nítida fé, uso correto da energia criativa, profundo júbilo e um viver magnificente."*

Em seguida à minha "reivindicação", veio uma experiência

impressionante na aula de meditação. Estávamos numa aventurosa caminhada por uma estrada em que de ambos os lados se erigiam paredes invisíveis. Não se viam sombras, apenas a poderosa luz da verdade. À proporção que íamos nos aproximando de uma grande presença, senti-me em maior sintonia com o poder curativo. Logo entramos em contato com pessoas que, segundo nos foi dito, deviam ser perdoadas por nós ou às quais deveríamos pedir perdão. À medida que cada uma dessas pessoas se aproximava, eu descobria dentro delas, e de mim mesma, uma luz tão pura que nada havia de perdoar. Uma voz calma falou:

> *"Esta é uma forma de cura de tremendo poder. A compreensão do poder será um grande passo na próxima era, pois dará liberdade e alegria."*

Mostravam-nos que o amor torna possível a cura. Quando deixamos que ele passe através de nós, esse amor incondicional, superior, dissolve tudo o que estiver à sua frente.

> *"Coloque esse amor em primeiro lugar na vida e deixe a energia transformadora do Eu Superior mover-se através de você. A proteção é ilimitada. Assemelha-se à eletricidade do corpo, invisível, mas você sabe que existe quando, ao pentear-se num lugar escuro, você toca a cabeça com o pente e os lampejos de luz indicam a energia que está dentro de você."*

Depois de um forte verão, pareceu-me estar novamente num vale sombrio e ocorriam transformações extraordinárias. Foi um período de grandes altos e baixos e uma outra fase de provações. Meu pedido de auxílio recebeu a seguinte afirmação:

> *"Nada há de passivo neste trabalho. Você tornou a sua escalada desnecessariamente difícil, por não ter-se dado tempo para viver as lições. Aprenda a compreender o poder do cuidado amoroso, do dar conforme sua inspiração. Fique certa de que estamos na sua consciência, vivendo essa experiência com você. Jamais a deixamos, mas, quando você recolhe a sua percepção, sente as trevas."*

De vez em quando, minha mente obstinada barrava a entrada dessa força interior, fazendo com que ela me parecesse distante demais para poder ajudar-me. Quando minha falta de percepção afastou a luz e o amor inspiradores do meu Instrutor Interno e dos meus "companheiros de silêncio", eu me vi em relativa escuridão. Tão logo, porém, pude abrir novamente o caminho para a linha de luz, senti-me repleta de amor curativo e de sinceridade de propósitos. Aprendi, com humildade e alegria, que o verdadeiro viver estava em permitir que o meu Eu Superior se expressasse através de mim, em mim e no que eu fosse guiada para realizar. Mesmo que fosse apenas por breves momentos, ele curava ativamente, irradiando-se para os outros sem necessidade de palavras.

Nessas provas, começavam a aparecer os frutos das lições. Toda manhã, às cinco horas, algo dentro de mim me acordava e, muitas vezes, durante o dia, a harmonia interior era mais profunda. Tudo aquilo de que eu precisasse estava à mão, amiúde em maior abudância do que habitualmente. Sentia um poder interior na ação, o que confirmava as lições. Meu Eu Superior tinha um delicioso senso de humor, que se manifestava quando eu me mantinha em sintonia e fazia o trabalho que me competia.

Veio, então, uma verdadeira prova. Eu esperava ficar na Suíça por algum tempo, já que a minha vida ali estava sendo interessante e razoavelmente organizada. Eis, porém, que, sem qualquer aviso, recebi uma ordem direta:

"Chegou o momento de cortar todos os vínculos e deixar a Suíça."

Senti-me perdida. Ao perguntar por que deveria fazer isso, esperando receber uma orientação, apenas me disseram:

"Você deve fazer isso com fé."

Quando quis saber a razão de me ver separada dos meus grupos espirituais, mostraram-me que nos níveis mais elevados não existe isso a que chamamos de distância, que todos fazemos parte de uma vida, de uma consciência maior. Minha voz interior disse:

"Vocês todos são partes centralizadas em Deus, ou células de um grande corpo. Assim como estão à vontade consigo mesmos, descobrirão que, onde quer que estejam, estarão com o meu povo."

Depois de muita luta comigo mesma, pude dizer: "Leve-me para qualquer lugar do planeta onde eu possa realizar o serviço maior." Exatamente naquela época, tive de fazer uma pequena cirurgia e, no silêncio da minha meditação matinal, a presença do Cristo deu-me segurança:

"Deixe que a luz de seu ser seja o seu guia. Este é o plano de Deus para você e este momento silencioso é parte da preparação. Rejubile-se com isso e não resista, de maneira alguma."

O mais lógico seria voltar para os Estados Unidos, para o Natal e, depois, ver o que se apresentaria. Preparei-me para deixar minha casa naquele belo país e me aventurar ao desconhecido. Amigos ofereceram-se para guardar os meus pertences até que eu tivesse um endereço certo. Fiquei a pensar se agora haveria possibilidade de um dia ir a Findhorn.

No aeroporto de Los Angeles, a amiga que estava à minha espera, a que eu acompanhara ao aeroporto de Genebra no ano anterior, perguntou-me: "Por que você está deixando a Suíça, quando gosta tanto do lugar? Você está sempre fazendo coisas tão interessantes! Qual será a próxima?" Sem saber o que responder, fiz uma pausa e voltei-me para o meu guia interior. Uma voz vinda de dentro ressoou, com surpreendente determinação: "Vou para um lugar chamado Findhorn, no norte da Escócia, para morar lá." De nós duas, fui eu a mais surpreendida. Eu quisera visitar Findhorn e, talvez, morar lá, mas o meu guia jamais confirmara isso. Minha mente, projetando-se para a frente, compreendeu que tudo havia sido preparado. Daquele momento em diante, meus Instrutores Internos agiram num só sentido, o de manter o meu espírito e as minhas expectativas elevados, enquanto me davam tempo para uma preparação mais completa. Imediatamente, escrevi cartas, uma para Findhorn, dizendo que gostaria de ir, provavelmente em janeiro, e outra para minha irmã, na Espanha. Ela ficou satisfeita com a idéia do meu retorno à Europa.

Enquanto meu Eu Superior estava muito ocupado com as lições e com a organização da minha vida, passei um belo mês visitando parentes e amigos e achei confortador passar o Natal com o meu irmão e sua família, depois de tantos anos no exterior.

De volta à Europa, fui à Suíça por alguns dias e, depois, parti para a Costa do Sol, ao sul de Málaga, para passar algum tempo com a minha irmã. Ao sol da Espanha, nós caminhamos pela praia ou fizemos excursões a lugares interessantes, enquanto o trabalho interior continuava a preparar-me para uma nova forma de vida.

Quando tentei descobrir o que me impedia de ir a Findhorn, mostraram-me que um dos bloqueios vinha da minha sensação de que, ao retirar-me de uma vida ativa, eu encontraria um espaço fácil e relativamente seguro, em vez de uma temporada de trabalho movimentado junto às pessoas. Foi-me esclarecido que aí estava um núcleo de egoísmo que precisava ser erradicado e que eu devia aprender a confiar na generosidade de Deus, em vez de me apegar à segurança material. Muitas vezes haviam me afirmado que todas as minhas necessidades – mentais, físicas e espirituais – seriam atendidas.

> *"Dê e nada peça, pois tudo está à mão para cada necessidade. Aprenda a repartir mais. Deixe que seu Eu Superior, o Eu Verdadeiro, seja o seu guia em todas as coisas."*

Imaginando como seria a vida no Mar do Norte numa família de mais de cinqüenta pessoas, pedi para compreender o propósito e o impulso de Findhorn. As respostas, embora variadas, foram sempre encorajadoras:

> *"Veja o brilho, o amor e a luz esperando serem expressos em todas as pessoas e encontrará o reflexo disso retornando para o seu eu interior; você será elevada nesse processo e a grandeza das outras pessoas virá ao seu encontro. Essa é a liberdade espiritual que irá encontrar em Findhorn."*

Algumas das primeiras palavras que li sobre Findhorn eram uma transmissão, ou orientação recebidas por David Spangler, um jovem americano que vivia lá nessa época.

"EU SOU o Amor e a Verdade sem limites. EU SOU o corpo de um novo Céu e de uma nova Terra... A realidade do que EU SOU tem estado sempre com você, mas EU SOU uma nova revelação e chegou a hora de os homens de todas as regiões de luz manifestarem uma crescente demonstração das Minhas características. Embora eu tenha sido um potencial na terra, EU SOU, agora, não mais um potencial, mas uma realidade viva que dá ao Amor e à Verdade ilimitados maior poder do que antes sobre os problemas da terra... Há algum lugar onde eu não me tenha revelado? Há, realmente: dentro do coração e da mente de todos aqueles para os quais o Amor e a Verdade ilimitados não são uma realidade, mas ainda um potencial, uma promessa, uma esperança."

Em outro folheto que eu recebera, havia estas palavras de abertura, vindas através de Eileen Caddy, cujo nome espiritual era Elixir:

"Nada se conservará oculto quando vocês estiverem prontos para a revelação. Assim como o solo deve ser revolvido e preparado antes que a semente possa ser plantada, sua compreensão e consciência têm de ser preparadas, elevadas e expandidas. Depois, vocês estarão prontos para receber as Minhas verdades que estiveram ocultas através dos tempos, mas que agora serão reveladas à humanidade, à proporção que ela caminha para a Nova Era."

Meu maior encorajamento veio de meu próprio Instrutor Interno:

> *"Depois do seu padrão de vida restrito, você verá que Findhorn, com a sua beleza, é como a liberdade de um vôo atravessando o tempo e o espaço para uma realidade de vida mais elevada e que está à disposição de todos nesse vôo desperto. Você jamais sentirá um momento de tédio."*

Minha sobrinha-neta e seu marido tinham ido para Findhorn assim que eu lhes escrevera, falando-lhes sobre a comunidade. Em fevereiro, ela escreveu para me dizer que Peter Caddy, o fundador, desejava saber quando eu chegaria. Como ainda não havia recebido qualquer indicação a esse respeito, sentei-me para responder à carta e o papel em branco pareceu-me pouco inspirador. Então, subitamente, minha mão escreveu: "Estarei aí no dia 31 de março."

Mais tarde, fiquei sabendo que aquele era o momento perfeito para chegar, pois tratava-se da véspera do Festival da Primavera, ocasião de alegria, quando a comunidade faz uma avaliação de sua vida.

À medida que era preparada para essa aventura, percebi como tinham sido definidos os passos da minha vida; esse novo impulso, porém, que iria levar-me à Escócia, terra dos meus ancestrais, iria ser mais do que apenas um passo:

> *"Agora é o momento para um grande salto à frente. Seja ponderada e esteja preparada para ser levada, pela força do Amor e da Verdade, em direção a um novo trabalho e a uma nova vida. Poderoso é esse impulso! O novo Céu do Amor de Deus movimenta-se sobre a face da terra e por todo o universo. Abandone o que é velho, do mesmo modo que abandonou tanta coisa na barreira de fogo; venha para os ritmos do Novo."*

CAPÍTULO IV

RITMOS DA VIDA

"O plano divino é tecido no tear do mundo material."

Desde o momento em que cheguei a Findhorn, senti-me em casa com aquela grande família. Os ritmos, em lugar das leis, eram a forma de vida e eu me senti mergulhada em ondas de termos e palavras que não me eram familiares: "manifestação", "evolução espiritual", "plano esotérico", "Era do Aquário". Aceitei tudo aquilo e, assim, todas as vibrações fluíram, naqueles primeiros dias, quando eu estava aprendendo a abordar a vida de uma maneira muito mais positiva do que antes. Mais tarde, o pêndulo interior de minha vida oscilou amplamente, quando a frustração e, às vezes, o sofrimento, surgiram das minhas resistências ocultas, ao tentar me adaptar aos ritmos daquele oceano de pessoas dinâmicas. Seria eu, um dia, capaz de aprender a disciplina interior que se fazia tão necessária, se quisesse que o amor e a luz do Bem-amado vencessem minhas barreiras mentais e emocionais, permitindo, assim, que eu me harmonizasse com os ritmos para atender às necessidades dos outros em toda a comunidade?

Depressa descobri que todos os meus conhecimentos passados, tão preciosos para mim, agora não tinham importância, a não ser que pudessem formar uma base sobre a qual construir uma nova vida, adaptada às energias da Nova Era. À proporção que ia aprendendo a fazer melhor uso da energia, comecei a compreender por que me cansava tão facilmente e, às vezes, ficava muito doente. Aos poucos, as leis e os princípios espirituais que eu estava aprendendo começaram a libertar-me e a fortalecer-me em todos os níveis. Porções desse alimento espiritual me haviam sido oferecidas durante toda a minha vida, mas eu só pudera aceitar uma pequena quantidade de vez em quando e, ainda assim, quando estava pronta para abandonar alguns dos meus conceitos mesquinhos e fortes crenças. Então, começaram a acontecer coisas. Minha voz interior disse:

"Na canção de ninar da sua infância, parecia impossível a vaca saltar sobre a lua, mas, agora, não só o homem foi à lua como

também caminhou sobre ela, e isso simboliza o que está acontecendo no despertar espiritual do planeta. Igualmente extraordinários são o amor curativo e a energia criativa que inspiram os que se entregam de todo o coração à orientação que vem de dentro e deixam que a generosidade de Deus se manifeste para atender às suas necessidades. Todos os que participam dos ritmos desta comunidade são abençoados."

Durante minhas primeiras semanas em Findhorn, uma nova espécie de ritmo entrou poderosamente em minha vida. "Manifestação" e fé na abundância divina interligaram-se de uma forma que não deixavam lugar para dúvidas ou ceticismo. Eu havia procurado em toda parte um *trailer* para morar, mas não havia nenhum disponível. Mandara buscar nos Estados Unidos os parcos fundos que possuía em ações, mas o cheque não havia chegado. No momento exato em que eu soube que fora aceita como membro, um *trailer* especial foi posto à venda e achei que ele seria ideal, mas sabia que não tinha condições para comprá-lo. A amiga que dividira a casa comigo naquele primeiro mês veio falar-me sobre o *trailer* e, ao mesmo tempo, entregar-me a correspondência da manhã. Lá estava a carta longamente esperada, da sociedade anônima. Que momento emocionante! Abri o envelope e verifiquei que as ações haviam tido alta e Deus colocara em minhas mãos exatamente a quantia de que eu necessitava para comprar o *trailer*. Minha nova casa ficava em Pineridge, a mais recente extensão da comunidade.

Alguns dias depois, em minha primeira meditação matinal na nova casa, a voz interior falou:

> *"Abençoamos esta casa. Ela lhe é dada para o seu uso e para o nosso. Seja boa guardiã. Partilhe sua casa quando se sentir inspirada para isso e desista de qualquer tendência para o sentimento de posse. Permita que a paz se expresse em você e nesta casa, pois a paz é uma jóia preciosa."*

Manifestação era uma palavra usada com freqüência em Findhorn. Certa manhã, eu estava tentando explicar a manifestação a um hóspede. Levantei os olhos e vi uma tapeçaria na parede de minha sala de estar; ela me trouxe à memória um episódio ocorrido na Suíça que, tê-lo vivenciado, ajudou-me realmente a compreender a manifestação de uma forma diferente daquela que as definições podem transmitir.

Certa manhã em que eu estivera em profunda meditação, tive uma intuição, uma interligação entre coração e mente. Meus pensamentos dirigiram-se para duas pessoas que eu havia conhecido e pelas quais tinha uma amizade especial. As palavras vieram claramente: "Compre um pequeno tapete de Joseph e Eva."

Aquelas duas pessoas maravilhosas haviam fugido do seu país durante um expurgo. Tendo sido anistiados na Suíça, continuavam seu trabalho, a criação de Gobelins, que os fizeram famosos. Nós nos havíamos conhecido durante uma exposição desses trabalhos. Duas de suas magníficas tapeçarias já estavam com a etiqueta de vendidas e, portanto, parecia que eles estavam bem.

Como dispunha de pouco dinheiro, eu não comprava mais do que o necessário para a sobrevivência. Assim, comprar um tapete estava completamente fora das minhas cogitações. Contudo, como tentava seguir a orientação sem discutir, já que ela sempre era certa, retirei do banco a maior parte das minhas parcas economias e pedi a um amigo, que viria me visitar no fim de semana, que me trouxesse algumas tapeçarias pequenas. Ao examiná-las, uma delas atraiu definitivamente a minha atenção. O preço correspondia exatamente à quantia de que eu dispunha e, assim, embora ela não combinasse com nada da minha casa na Suíça, escolhi-a sem hesitação.

Na manhã seguinte, meu amigo voltou para a sua casa, entregando, na passagem, as outras tapeçarias juntamente com o dinheiro. Ele me telefonou imediatamente, contando que já fazia três dias que os artistas estavam sem aquecimento e não tinham praticamente nada para comer. Apesar de as tapeçarias grandes terem sido vendidas, ninguém havia pensado que elas só seriam pagas quando a exposição terminasse. O casal achava que já haviam feito muito por eles e que não podiam pedir mais nada. Não sabiam para quem pedir ajuda, senão a Deus. Quando rezaram pedindo ajuda, o poder superior encontrou-me pronta para ouvir e inspirou-me a auxiliá-los. Aquilo me deu uma compreensão incrível da manifestação e foi também uma prova para a minha disposição de acatar a orientação dada.

Desde aquela ocasião, jamais precisei de nada. Muito me foi suprido, em geral, de uma forma encantadora. O belo tapetinho, agora pendurado em meu lar de Findhorn, onde se encontra em perfeita harmonia com as cores do lugar, faz-me lembrar, continuamente, do verdadeiro sentido da manifestação.

Os ritmos exerceram fascínio sobre mim e, muitas vezes, nas energias de Findhorn, eu tinha consciência deles em minha meditação. E me perguntei: Esses ritmos guardam a chave para os mistérios da vida? Meu Instrutor Interior respondeu:

> *"O seu corpo é como um instrumento musical no qual é tocada a grande escala musical da vida: música delicada ou vigorosa, queixosa ou cheia de júbilo. A criatividade inspirada, o poder curativo e a beleza esperam ser harmonizados nas novas melodias de trabalho e divertimento."*

Há algumas pessoas que sabem tocar de ouvido esse instrumento; sabem, intuitivamente, como usar a energia dos seus ritmos para criar a beleza nas vidas e ajudar os outros. Eu, porém, tive de aprender as minhas escalas nota por nota. Sentia que algum mistério da vida estava fugindo de mim. Durante anos, havia percebido que algumas espécies de ritmos, quando eu os descobrisse, tornariam a vida mais fácil, mais equilibrada e mais válida. Havia um eco insistente na minha meditação, a sensação de que eu estava a ponto de captar algo misterioso. Então, meu Instrutor Interno entrou em ação:

> *"Um novo caminho está se abrindo e, através dele, revelaremos o modelo de vida e os ciclos de energia."*

A única novidade em que podia pensar era no biorritmo. Essa informação tinha vindo de três fontes dos Estados Unidos no espaço de uma semana. Seriam esses ritmos apenas mais um artifício? Eu resistia vigorosamente a tudo quanto pudesse me controlar ou dispor de mim. É muito difícil para os nossos Instrutores Internos chegarem até nós quando resistimos aos seus esforços de partilharem conosco a verdadeira significação da vida. Eu podia perceber as tentativas que faziam para me ajudar a aceitar esses ritmos, que deveriam ser a estrutura de um quadro muito maior.

Nessa ocasião, fui fazer uma visita à Suíça e, quando mencionei algo novo que vinha dos Estados Unidos, chamado de biorritmo, riram-se e me disseram: "Você está atrasada no tempo. Há muito os ritmos vêm sendo utilizados na Suíça, com sucesso."

Um jovem amigo estava usando um relógio biorrítmico e mostrou-me como ele funcionava. Quando disse que naquele fim de semana deveria haver em Berna uma conferência sobre biorritmo, com a finalidade de demonstrar a compatibilidade entre casais, meu interesse foi despertado.

De volta à Inglaterra, mostraram-me um instrumento circular para o cálculo dos três ritmos e, finalmente, fiquei curiosa bastante para encomendar um deles. Duas semanas depois, despertei, certa manhã, sentindo-me vulnerável e frustrada, como se estivesse me dirigindo para todas as direções ao mesmo tempo. Foi o dia que o meu Eu Superior escolheu para a chegada do pequeno instrumento. Quando eu o acertei pelos meus próprios ritmos, fiquei estupefata – ele me mostrou claramente como eu estava me sentindo. Meus ritmos principais, o físico e o emocional, estavam num dia crítico, no ponto de cruzamento entre os ritmos ativos e os receptivos. Lendo a explicação, alguma coisa me veio a mente e percebi que os ritmos haviam afetado a minha vida de várias maneiras específicas. Às vezes, eu tivera uma profunda experiência de meditação, com a mente e o corpo relaxados. Em outros dias, isso fora tão mais difícil que eu ficara a imaginar o porquê. Durante essas ocasiões, o meu Instrutor Interno referia-se a ritmos, ou ciclos, mas isso não tinha nenhuma significação para mim.

Esse dia duplamente crítico, de cruzamento, em que fiquei tão exposta, revelou algumas respostas vitais. Quando os ritmos principais estão ativos, uma pessoa tem mais resistência e energia, nervos mais estáveis e melhores relacionamentos. O lado receptivo do ciclo é ocasião para um compasso mais tranqüilo; é tempo de cura, tempo de se movimentar mais suavemente. Durante o raio de ação ativo eu passava bem, mas durante os dois receptivos, em vez de me conservar tranqüila, tinha sempre exigido de mim mesma um esforço para manter o compasso ativo. Assim foi que burlei os meus ritmos naturais e o fluxo de energia. Agora, estava aprendendo a me manter em sintonia com as células do meu corpo, com as suas necessidades e com os impulsos intuitivos que nos chegam durante esses períodos receptivos e de grande suscetibilidade.

Quando compartilhei minha experiência desses ritmos, as pessoas acharam que os ritmos confirmavam a maneira como eles se sentiam. Começamos a fazer os gráficos, mostrando vários meses de ritmos, mas esse era um processo lento, até que um membro interessado da comunidade recortou alguns gabaritos para nós. Compartilhar os biorritmos fez surgir uma nova maneira de servir. Fiz gráficos para bebês, a fim de que as mães pudessem entender melhor as suas necessidades, enquanto as pessoas mais velhas descobriram a "data do renascimento" do seu biorritmo.

Uma breve exposição dos biorritmos será útil a esta altura. (O Apêndice traz uma explicação melhor dos sete ritmos principais.)

Ao nascer, quando se inicia o ritmo da respiração, iniciam-se os ritmos vibratórios das células do corpo físico, das células nervosas do corpo emocional e das células cerebrais do corpo mental. Esses ritmos do corpo, embora intimamente interligados, possuem o seu próprio e exato ajustamento e mantêm o seu próprio padrão através da vida. Um escritor que passou muitos anos estudando esses ritmos informa que eles são mais exatos do que qualquer um dos relógios fabricados pelo homem – o pêndulo que tem a sua regularidade é a rotação da terra.

Os três ritmos têm início juntos, num ponto de cruzamento, quando nascemos, e movem-se juntos numa fase ativa durante dez dias, o que dá ao recém-nascido força e apoio. Depois, cada qual começa a seguir o seu próprio ciclo, jamais duplicando esse modelo inicial através dos anos, até a data do biorritmo do renascimento, na idade de cinqüenta e oito anos, dois meses e seis dias (sete anos bissextos). A essa altura, os ritmos recomeçam, tal como quando nascemos, com a fase toda ativa e, habitualmente, uma modificação mais importante começa a se manifestar na vida da pessoa. Qualquer pessoa que se torne conhecedora dos chamados internos pode mudar para um novo modelo de vida. Esse acontecimento que se dá apenas uma vez na vida é um dia de sintonia interior e silenciosa, um dia sagrado, especialmente aberto para a voz interior. Minha própria vida, embora eu não tivesse ouvido falar em ritmos, começou a mudar completamente nessa idade.

O ciclo do ritmo físico é de vinte e três dias, o do emocional é de vinte e oito dias e o do mental é de trinta e três dias. Metade de cada ciclo é ativa e a outra metade é receptiva. A observação desses ritmos revela uma interação sempre mutável.

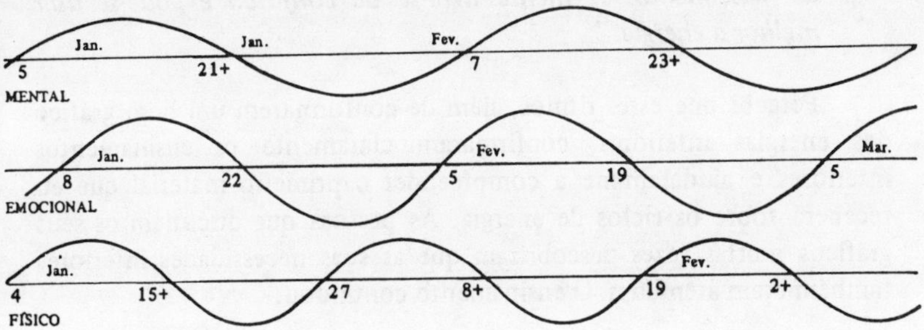

De acordo com pesquisas que estão sendo feitas desde o início do século, os dias de cruzamento são pontos de mutação, que começam na hora em que uma pessoa nasce e duram vinte e quatro horas. Muitas vezes, tenho a percepção do cruzamento algumas horas antes da sua ocorrência, especialmente no ritmo físico, pois descobri que as células do corpo são mais sensíveis durante essa transição, como na mudança de marcha de um carro. Meu Instrutor Interno explicou:

> *"Os dias de cruzamento são uma dádiva especial de Deus para a comunhão com Ele. Embora os antigos soubessem disso, esse conhecimento foi muito esquecido através dos séculos."*

Quando dois ritmos se cruzam no mesmo dia, ou em dias próximos, a pessoa fica mais aberta ou sensível às vibrações que oscilam entre os ciclos ativos e regeneradores. Nesses dias, é preciso entre os ciclos ativos e regeneradores. Nesses dias, é preciso ter cuidado e reservar algum tempo para assumir o trabalho e a meditação serenamente. Algumas empresas aéreas internacionais dão folga para os seus pilotos nos dias de cruzamento combinado e, com isso, notaram um evidente decréscimo na taxa de acidentes. É preciso ter mais cuidado num dia de tríplice cruzamento.

Os períodos de silêncio de cada manhã ajudaram-me a aprender mais acerca dos ritmos interiores:

> *"Quando todos os ritmos são compreendidos, ajudam a libertar a pessoa dos caprichos do acaso e levam-na a mover-se em direção ao plano divino que é estabelecido em seu corpo no momento*

do nascimento. A mente livra-se da confusão e pode-se usar melhor a energia."

Percebi que esses ritmos, além de conformarem um bom gráfico das energias interiores, confirmaram claramente os ensinamentos interiores e ajudaram-me a compreender o primeiro material que eu recebera sobre os ciclos de energia. As pessoas que discutiam os seus gráficos muitas vezes descobriram que as suas necessidades interiores também eram atendidas. O ensinamento continuou:

"Novas energias estão sendo liberadas sobre o planeta, nesta Era do Aquário. No plano físico, são visíveis os resultados da energia na eletricidade e no poder nuclear, mas há energias ainda maiores a serem descobertas nas experiências mentais e emocionais da humanidade. Quando você se tornar consciente do poder que existe dentro de você, aprenderá como usá-lo."

Os ritmos foram comparados às vibrações da música:

"A vida é uma canção com notas altas e baixas. A música da vida está nos ritmos. Sinta o seu balanço, a sua canção interior, a beleza de todos os tons quando são compreendidos, as notas altas (ativas), as notas de ornamento (cruzamento) e as notas baixas (receptivas). Todas são necessárias para a melodia da vida e todas trazem alegria, beleza e brilho, quando apreciadas e aceitas no modelo da vida. Aprenda a ouvir o floreado musical nos dias de cruzamento. Neles, tal como nas notas baixas, os Instrutores Internos aproximam-se mais, para revelar os segredos da vida. Mantenha-se bem sintonizada nesses dias, abandonando, tanto quando possível, as pressões do mundo exterior. Ouça e aprenda o compasso da música e movimente-se de acordo com os seus próprios ritmos."

Com a minha aceitação e a cooperação integral com o trabalho dos ritmos, outro campo se abriu. Na manhã do Ano Novo, em minha meditação, a bela figura Iluminada estava novamente diante de mim, envolta por uma brilhante luz dourada. Ela me comunicou uma mensagem simples:

"AGORA VOCÊ TEM UM NOVO TRABALHO A FAZER."

Durante algum tempo da meditação foram enfatizados os ciclos de ouro, através dos quais eu estava aprendendo mais a respeito da luz da compreensão, ou conhecimento interior, do poder curativo do amor e da verdade que está dentro da nossa vontade superior.

Então, em sonho, certa noite, vi um ninho num lugar protegido em cima de um rochedo. Nele havia três ovos brilhantes. Um grande pássaro voltou para o ninho, sentando-se protetoramente sobre os ovos e, olhando-me, disse: "Até que enfim você me descobriu, mas há muito tempo que eu a venho observando."

Eu estava pensando no que poderia surgir daquelas esferas de luz dourada. Mais tarde, compreendi que o magnífico pássaro era um símbolo do meu Eu Superior. Fizeram-me ver que os três ovos bilhantes representavam os "ciclos de ouro", que eram revelados como os três ritmos de ouro, e eu senti urgência em sua voz:

"Agora é a ocasião de colocar os ritmos de ouro nos gráficos, e explicá-los."

Aquilo pareceu-me bem pouco possível. Como poderia explicá-los, quando eu nem sequer havia compreendido o que significavam? Eu sabia que devia acreditar que tudo o que fosse necessário viria e, assim, num momento de oração, antes de ir para o santuário da comunidade, pedi auxílio. Durante toda a meditação, senti-me imersa em ponderosa luz dourada. Ao sair, um membro da comunidade entregou-me a fita gravada de uma palestra feita em Findhorn, uns dois anos antes, e perguntou-me se eu poderia transcrevê-la naquela manhã, pois tinham necessidade urgente desse trabalho.

Enquanto limpava a cozinha, ouvi a fita a fim de me familiarizar com ela. De repente, parei, pois a fita que meu Eu Superior tinha me feito chegar às mãos, de modo tão claro, continha uma descrição dos ritmos que compõem o todo do ser de uma pessoa. O conferencista chamava-os de os Sete Raios. O Sétimo, físico, o Sexto e o Quinto, emocional e mental, eu já os conhecia como biorritmos. O Terceiro era descrito como o corpo de luz, o mental superior, ou palavra criativa;

o Segundo, como amor; e o Primeiro, como vontade. Ouvi aquele trecho várias vezes. Os últimos três, os ciclos de ouro, encaixavam-se perfeitamente em todo o material que eu recebera na escrita da meditação sobre os ciclos e os ritmos. Aí estava a sincronicidade em ação.

Enquanto ia ouvindo, a fita revelava um novo ritmo, a chave para usar os outros seis. A isso chamavam raio ou ritmo sincronizador, que traria harmonia aonde houvesse conflito. Isso era resumidamente explicado como sendo o equilíbrio entre os três ritmos superiores e os três ritmos inferiores.

Na manhã seguinte, durante a escrita da meditação, deram-me a seguinte descrição:

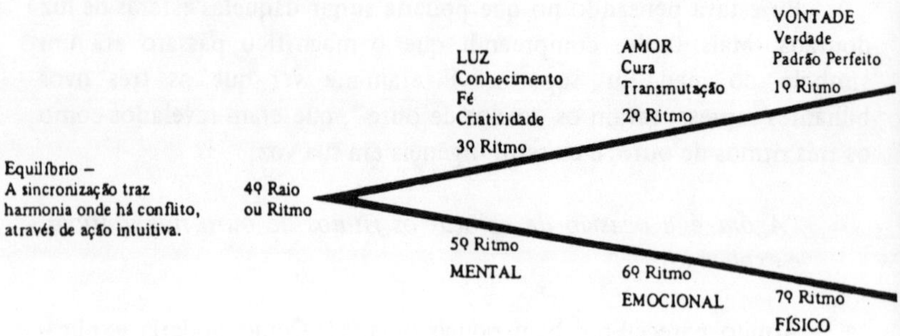

Isso mostrava os biorritmos como base para uma ação interior mais importante, revelando as energias que estão dentro de nós e que nos pressionam para serem liberadas. Na meditação, me disseram:

> *"Os Ritmos de Ouro abrem o caminho para a totalidade – saúde perfeita no padrão estabelecido –, o amor incondicional e a liberdade mental para criar um novo mundo em ciclos cada vez mais amplos. Esta é a era dos Ritmos de Ouro – saber, amar, ser, a Nova Era abrindo suas portas para a consciência humana, para a sua criatividade, e o propósito para o qual estamos no planeta neste momento. Observe e compreenda o que é ilusório e o que é verdadeiro no modelo da vida. Quando você se levantou, esta manhã, o sol levantava-se a leste, num céu sem nuvens. A oeste,*

o globo dourado da lua parecia estar subindo aos poucos acima de uma nuvem pálida, azulada, que se assemelhava ao horizonte; então, quando a nuvem se moveu para o lado e você viu o declínio da lua, já sabia qual era a verdade que estava por trás da ilusão. Através de todas as ilusões, deixe que os Ritmos de Ouro lhe mostrem a verdade e a libertem. Nós a conduzimos para que atravesse outra porta para a liberdade e acrescentamos uma nova dimensão."

Pela visão mais ampla dos Ritmos de Ouro, descobri que já não precisava ser vítima das minhas emoções, mas que podia usar essas energias com proveito. Isso me deu a confiança necessária para prosseguir o trabalho, arranjado de modo tão perfeito para mim pelo meu Instrutor Interno.

Certa manhã, na minha meditação, fui levada a uma experiência em algum lugar muito profundo do meu corpo. Acima de mim, eu podia ver as energias superiores à espera de virem à minha mente consciente, mas sentia-me separada do amor curativo e da luz, que via como raios dourados procurando uma brecha pela qual pudessem descer. Vi apenas um raio abrir seu caminho quando, num momento de quietude, meu eu consciente contemplava um lindo amanhecer. O Instrutor falou:

"À medida que sua percepção aumenta, podemos trazer-lhe formas mais eficazes de pôr suas energias superiores em ação. Dia após dia, e mesmo à noite, esses ritmos serão levados à sua meditação e aos seus sonhos. Contemple-os em todas as pessoas e em todas as coisas. Contemple-os no ouro negro do adubo afetuosamente espalhado pelo jardim, no ouro azul da cura ecoando através do templo do seu ser, no ouro verde da mente positiva na sua jubilosa luz interior do conhecimento, no ouro rubro dos poentes e no fluxo da vida. Enquanto você vê os ritmos, uma ação vital está ocorrendo no centro de cada átomo porque, dando sua atenção às energias, está ajudando-as em sua liberação."

Dias de Cruzamento em Relação aos Ritmos Superiores

Durante as semanas que se seguiram, observei minhas ações nos dias de cruzamento. O período de 24 horas de cruzamento dos ritmos, com sua troca de energias, tinha dado a esses dias uma conotação um tanto negativa, mas, quando os vi em relação com os Ritmos de Ouro, eles mostraram um elemento de beleza e liberação. Certa manhã, quando dois dos meus ritmos estavam no ponto de cruzamento, recebi a seguinte mensagem:

> *"Trate com delicadeza este dia das notas ornamentais. Evite as notas estridentes. Descanse em seu trabalho e veja o jubiloso poder das energias superiores sę movimentar através da sua mente, do seu coração e das suas mãos. Essas horas são instrumentos que abrem caminho para o poder transformador do Amor e da segurança interior."*

Na meditação, isso parecia excelente; mas, quando chegaram as horas reais do dia, apareceram os verdadeiros problemas. Precisei de tempo e percepção para aprender a "descansar em meu trabalho". Em ritmo receptivo, quando aprendi a parar antes de enfrentar um projeto, descobri que podia, conscientemente, voltar-me para um ponto interior de luz, focalizar minha atenção nele e deixar que me chegasse uma bela energia. Era como se eu estivesse "observando o trabalho que se fazia por meu intermédio", conforme me fora indicado.

> Nessa noite, em sonho, fui levada para o alto de uma montanha, onde os Ritmos de Ouro da luz radiante e a calidez do amor me envolveram. Eu estava em meu Eu Superior e sentia sua alegria e segurança e, ainda nele, comecei a descer a encosta da montanha, escorregando pelos declives rochosos, cobertos de neve. Compreendi, finalmente, que aquela viagem simbolizava o frio e a aspereza das vibrações inferiores do meu corpo, sentidas pelo meu Eu Superior que passava por ele para me ajudar. Então, caminhei através dos campos e me vi no centro de uma batalha. Meu Eu Básico tentou deseperadamente empurrar-me para um buraco, a fim de proteger-me, mas meu destemido Eu Superior manteve-se firme e caminhou livremente pelo campo de batalha, inteiramente protegido. Fiquei menos preocupada com a minha

segurança quando avistei uma luz radiante dentro do meu Eu Superior, vinda dos Ritmos de Ouro, brilhar sobre o campo de batalha. E a luta terminou. Senti-me envolvida por aquela luz e acordei com a sua radiância ainda em mim.

Eu continuava a ser levada para as energias dos Ritmos de Ouro. Certa manhã, percebi imediatamente que estava na presença da luz do meu Eu Superior, algo que me fora habitual nos primeiros tempos de meditação, mas que eu perdera, não sei como, ao tentar novas técnicas de meditação. Minha voz interior disse:

"A luz imediata e total vem através do sinal. Você está conosco, o caminho se abre e somos um. Todos os outros esforços são como velas se comparadas a essa luz. Não se apegue às velhas escadas, quando a eletricidade lhe proporcionar o uso do elevador."

Mais tarde, lendo essa orientação, tentei lembrar-me do que havia sido o "sinal". Como mágica, algo havia trabalhado para me libertar e eu me via lutando para recordar do que se tratava. Teria encontrado alguma coisa preciosa apenas para perdê-la de novo tão depressa? Aquilo tornou-se mais importante para mim do que qualquer outra coisa. Voltei a ler o escrito várias vezes. Antes dele, estava um escrito anterior, que dizia:

"Os Ritmos de Ouro a levam para onde, de outro modo, você não poderia ir em consciência, criatividade, relacionamentos e totalidade do ser."

Quando li "totalidade do ser", pensei no meu esplêndido Eu Superior e minhas mãos uniram-se numa prece de jubilosa gratidão. Quando abaixei a cabeça e as pontas dos meus dedos indicadores tocaram o centro da testa, eu estava de novo diante da radiosa presença:

"De repente, tudo É. Os degraus do avião foram recolhidos e você deixa a terra em vôo livre, tendo o seu Eu Superior como um perfeito piloto. Em qualquer momento de percepção você pode ser livre. Agora, que voou assim, você sabe que todos

têm um potencial dentro de si mesmos para libertar a pressão dos corpos inferiores e passar para uma liberdade maior. Todos esses passos são necessários, e você ainda está no corpo enquanto voa no avião, tendo fé no piloto, com o amor transformando os medos e com o perfeito plano de vôo da Vontade Superior."

Na manhã seguinte, quando eu pensava no sinal, o Instrutor disse:

"Você aperta o botão e a luz interior se acende. De certa forma, isso é uma ilusão, pois ela está sempre acesa; através do "sinal", porém, você põe sua mente em contato com a luz. A pressão dos seus dedos põe em movimento a sua atenção, concentrando todos os ritmos num foco. Todas as coisas surgem no momento exato de liberar o poder que está em seu interior."

"São dados sinais confirmadores quando se faz necessário. Nunca se apegue a um sinal ou copie o de outra pessoa. Cada um recebe o seu próprio sinal, que vem de dentro quando a pessoa está preparada."

Então, veio uma nova explicação para a minha razão de ser e a minha função na terra:

"Quando você, a 'Mão' do nosso Ser maior, entra em ação, traz a prova das verdadeiras e virtuais energias que estão prontas para fluir através de qualquer abertura que nos possa dar. Sua atenção e sua entrega são necessárias."

Aconteceu uma interessante e desafiadora experiência de meditação quando o Instrutor se dirigiu a mim, dizendo:

"Ponha toda a sua atenção na sua mão direita. Agora, apanhe a caneta."

Fiz isso com facilidade. Não houve hesitação, não foi tomada qualquer decisão, não houve interesses conflitantes. Eu esperava escrever alguma coisa, mas nada aconteceu. Depois de um pequeno intervalo, foi-me dito que pusesse a caneta de lado e relaxasse. Então, a voz falou:

"Sua mão direita recebeu 'livre-arbítrio'. Agora, tente apanhar a caneta."

Senti cãibra na mão, que coçou a minha cabeça e recusou-se a funcionar. Finalmente, chegou perto de onde estava a caneta, hesitou e, em lugar de apanhá-la, pegou um pedaço de papel. Eu me senti ridícula e confusa, depois profundamente frustrada. E pedi: "Tire-me disto!"

Ouvi o riso suave do meu Eu Superior, que disse:

"Agora você sabe como nos sentimos quando você, nossa 'Mão' com livre-arbítrio, bloqueia o nosso trabalho com você e através de você."

Para mim, aquilo não era motivo de riso. Quando, com exagerada seriedade, pedi auxílio, fizeram-me sentir que o meu corpo era uma pequena parte do meu ser total, estendendo-se, tal como á mão, no plano manifestado da terra. Quando essa "Mão" estava em sintonia com o Eu Superior, funcionava facilmente, sem hesitação nem dúvida; mas quando lhe davam livre-arbítrio, ela podia agir como bem lhe parecesse.

A parte mais penosa dessa experiência foi compreender o quanto é difícil para os nossos Eus Superiores ter tantas "Mãos" rebeldes, relutantes a atenderem, quando há tanto trabalho a fazer neste planeta. As palavras que eu ouvira voltaram com uma significação mais clara:

"Nosso trabalho no plano terrestre é feito através das nossas 'Mãos', e a necessidade é muito maior do que você imagina. A 'Mão' jamais está separada do corpo, embora possa estar adormecida. Desperte-a para a percepção e libere a luz da verdade, para que ela venha através de sua mente enevoada. Seja uma 'Mão' inteiramente devotada. Eu falo com você telepaticamente e cada palavra sobressai com clareza quando você mantém a mente aberta e deixa que a sua mão escreva. Agora, enquanto o seu corpo está quieto, a sua mão está escrevendo: aprenda a se tornar

consciente do poder do corpo maior, nessa quietude, enquanto a nossa 'Mão' desempenha o trabalho que é inspirada a fazer."

Na minha lição seguinte, o Instrutor comunicou um desafio:

"Sem a sua cooperação, o nosso trabalho com você fica perdido. Como num disco arranhado, os sentimentos negativos ressurgem em sua mente, reproduzindo uma situação negativa. Levante a agulha e abra caminho para que a alegria flua novamente através das energias dos ritmos superiores."

Tornei-me consciente do meu corpo como sendo a "Mão" do meu Eu Superior. De repente, a força interior deixou-me e uma sensação de desânimo tomou conta de mim. Fiquei a imaginar de onde viera aquele impulso e como poderia superá-lo. Ouvi a voz dizer:

"Desta maneira, estamos lhe mostrando qual é a sensação de sermos abandonados por alguém de quem dependemos para o nosso trabalho no plano terrestre. Permitindo que a negatividade continue a se manifestar, você se afasta de nós, das energias superiores, e bloqueia o trabalho que precisa ser feito."

Quantas vezes eu me vi como aquela "Mão" rebelde! Embora essas provas fossem penosas, eu lhes dava muito valor, pois aprendia a ver-me com mais clareza. O Instrutor Interno tentou mostrar-nos como e por que temos tal importância no plano terrestre:

"Assim como a sua mão faz coisas que afetam o corpo todo, assim também a nossa 'Mão' afeta todo o nosso Ser. Assim como o sol, nós não vamos até você diretamente, mas enviamos a luz das energias criativas e o calor do amor. Você deve reunir e concentrar as energias que colocamos à sua disposição, evitando que elas se dispersem. Nossa vida se prolonga em nossa 'Mão' e, mesmo que ela fosse cortada, a vida ainda continuaria. Sermos embaraçados desse modo em nosso trabalho, agora, seria um grande desperdício, depois do muito que foi feito para a preparação de nossa 'Mão'."

A Fase Regeneradora de Todos os Ritmos e Seus Valores

Nos limites da percepção, tive alguns lampejos da forma pela qual os nossos guias superiores trabalham. Sabia que possuía maior clareza e maior força interior mas, ao tentar seguir meus ritmos naturais, senti que havia um impulso maior em ação, como se ritmos superiores estivessem afetando a minha vida. Descobri que, quando os ritmos eram todos regeneradores ou receptivos, eu podia sentir uma inesperada liberação interior. A voz interior disse:

> *"Este é o momento para a renovação de todas as células do seu corpo, que está aberto como um cálice para receber o fluxo das energias revigorantes. Essa é a comunhão dos seus parceiros internos com o espírito, que está repleto de luz e traz harmonia com os ritmos de todas as coisas."*

Disseram-me que repousasse e usasse aqueles dias receptivos com sabedoria, para que a força das energias superiores acalmasse a fadiga interior e me liberasse para o uso inspirador da energia criativa. De forma simples e clara, aprendi a compreender o auxílio que me estava sendo oferecido.

> *"Em vez de se abrir aos ritmos regeneradores, você tentou resistir-lhes. Doe o seu serviço amoroso e tudo se arranjará. Cultive e regue as flores do jardim. Enquanto elas absorvem a água fresca, sua alma absorverá a sua beleza e nossa 'Mão' tornar-se-á livre de suas amarras."*

Eu estava aprendendo a cooperar com o período mais receptivo do ciclo, mas, às vezes, ainda agia com demasiado vigor, do que resultava uma opressão que afetava os meus pensamentos e as minhas reações. Certa manhã, quando estava em profunda meditação, senti uma onda de um amor transformador encher o meu coração e livrar-me da escuridão. Jubilosamente, o Instrutor aproveitou-se dessa liberação, e disse:

> *"Finalmente, você está vendo em ação o que por tanto tempo não passou de palavras. A beleza e a unidade dos ritmos recep-*

tivos trazem a percepção espiritual e a libertação em todos os níveis."

A Fase Ativa dos Três Ritmos

A prova, agora, era continuar com firmeza rumo ao período ativo, quando os corpos inferiores reclamavam mais atenção. O lento pêndulo interior oscilou novamente e, em poucos dias, meus ritmos estavam numa fase inteiramente ativa. Experimentei um clima interior diferente, no qual o cálice estava emborcado, já não mais abertos aos ritmos superiores, para que nele se derramassem e, embora eu soubesse que suas energias estavam sempre ali, senti-me separada da sua luz e orientação. Oprimida por essa mudança repentina, comecei a compreender por que, de vez em quando, eu havia sentido alguma coisa bloquear a minha meditação. A essa altura, o Instrutor Interno me ajudou:

> *"Conserve-se consciente das energias dos ritmos ativos e não deixe que a falsa modéstia ou o seu próprio conforto interponham-se no caminho do trabalho a ser feito. Entre com passo firme no caminho que está à sua frente, e tudo o que for preciso se seguirá."*

Compreendi, então, que devia modificar as minhas atividades. Eu estivera me apegando a serviços de minha própria escolha, embora soubesse, intuitivamente, que meu Eu Superior precisava desta "Mão" para outro trabalho. Sem saber o que deveria realizar, eu estivera me esquivando das mudanças, receosa do que elas poderiam me trazer. Agora, com a força dos ritmos ativos, pedi orientação, e a resposta veio, muito clara:

> *"Suas mãos têm modelado amorosamente a argila, criando vasos para flores e castiçais; agora, você trabalhará com palavras, portadoras de luz e de verdade, para que, num serviço amoroso, possa compartilhar a sua significação com muitas pessoas."*

Assim, passei a transcrever fitas, a liderar excursões, a comunicar a essência de Findhorn aos hóspedes e visitantes e, finalmente, a escrever alguma coisa.

Depois dos dois dias de atividade máxima, passei para o modelo de equilíbrio entre os ritmos ativos e regeneradores, apoiando-se mutuamente. Quando o ritmo do físico estava na fase regenerativa, era hora de agir com mais suavidade, enquanto os outros dois ritmos, estando mais fortes e ativos, conservavam-se prontos para enfrentar todos os desafios com os nervos firmes e a percepção mais acurada.

Os Três Ritmos Superiores – Depositários Confiáveis, Para nós, de Ilimitada Energia, Amor e Verdade.

Enquanto ouvia, em meditação, tive mais revelações sobre o signficado dos ritmos superiores em nossas vidas, começando com o Primeiro Ritmo, ou Vontade Superior, e esta foi a sua explicação:

> *"O Padrão do Primeiro Ritmo almeja que o seu reflexo manifestado, o corpo físico, se aproxime mais de seu verdadeiro modelo. Há uma força de atração sempre que você permite que os ritmos superiores da fé, do impulso criativo e do amor que cura manifestem-se em sua vida, quando você lhes dá sua atenção e cooperação. Isso abre o caminho para uma saúde radiosa e uma maneira feliz de ver a vida, de forma que as mais terríveis circunstâncias possam ser amenizadas pela claridade e liberdade que esses ritmos trazem."*

Para me ajudar a entender o poder desse Primeiro Ritmo em nossas vidas e a nossa responsabilidade para com a liberação de suas energias, mostraram-me a visão de um bebê crescendo no útero de uma bela mulher, enquanto recebia dela o oxigênio e a vida. Explicando esse relacionamento, a voz interior disse:

> *"É assim que você recebe o seu oxigênio e a sua vida da mãe-terra, em cujo útero você vive e respira enquanto estiver em um corpo manifesto, preparando-se para nascer em outro plano. Tudo quanto afeta a mãe afeta o filho que está no útero: o alimento, a atitude mental, as perspectivas, a atmosfera emocional e a aspiração espiritual. Lembre-se de que a criança que está crescendo*

também afeta a mãe, mudando sua vida consideravelmente... o peso extra pode causar alegria ou dor. Seja cada vez mais fiel ao padrão do Primeiro Ritmo do seu Ser, mantendo fé e amor por essa terra-mãe em cujo útero você está evoluindo, juntamente com milhões de outros."

Achei menos difícil entender o Segundo Ritmo, o do amor ativo incondicional, com o seu poder e a sua beleza. O amor que cura e transforma desse ritmo foi apresentado de muitas formas nos ensinamentos e fui ajudada a pôr em prática as suas energias. Pude usar o poder do amor para conseguir que o meu trabalho fluísse com maior facilidade, às vezes tornando-se até mesmo uma brincadeira agradável; havia, porém, outra coisa tentando chegar à minha memória. Finalmente, pedi auxílio para compreender a ação transformadora ou transmutadora desse ritmo.

Na manhã seguinte, mostraram-me um acontecimento que se passara há dois anos. Numa escura manhã do início de janeiro, uma tempestade acompanhada de violenta ventania vinha chicoteando as dunas. Bem aquecida em minhas roupas, eu tentava abrir a porta contra o vento mas, como eu ainda estivesse fraca por doença recente, era pouca a minha energia. Finalmente, entre vigorosas rajadas, consegui abrir a porta o bastante para sair. O vento arrancou-me a porta das mãos e, quando ela bateu, vi-me encostada à parede. Indefesa diante da força do vento, fiquei a pensar se me seria possível entrar de novo, pois seria impossível ir até o Centro Comunitário, naquela tempestade. Orei pedindo auxílio. Eu havia lido a respeito do poder usado pelo místico mexicano, Don Juan e, então, como num sonho, ali estava ele, de pé, ao meu lado:

"Há um grande poder no vento. Use-o, e ele lhe dará energia interior."

Súbito, uni-me inteiramente à tempestade, respirando o seu poder em cada rajada, como se isso não me saciasse. A energia que isso me proporcionou quase me carregava, embora o vento soprasse contra mim. Caminhei facilmente até o Centro Comunitário e, quando entrei, resplandecente, alguém perguntou: "Quem a trouxe?" Eu só consegui responder: "O vento."

Ao reviver esse fato, percebi que dispomos de todas as respostas de que precisamos, pois elas estão depositadas a um canto do nosso banco de memória ou estão disponíveis por meio do nosso Eu Superior. Quando eu estava começando a compreender e a sentir o poder desse amor mais alto, o meu Instrutor Interno disse:

"Não há poder naquilo que é material; o poder está na energia que se move através dele. Fixe a sua atenção onde está o poder e verá as coisas darem lugar à energia. Isso permite que seu Eu Superior se adiante, sem ser impedido por pensamentos e reações negativas."

Em sonho, certa manhã, eu andava por um estrada com algumas pessoas pertencentes ao meu grupo de meditação. Num campo ao nosso lado tudo parecia lavado pela chuva recente e resplandecia à luz do sol. Nós nos aproximamos de uma caminhonete que ficara atolada na lama, fora da estrada, e ali nosso Instrutor se reuniu ao grupo. Havia homens tentando empurrar o veículo para o asfalto, mas não conseguiam movê-lo. O Instrutor apontou para os átomos da lama e pediu-nos que nos sintonizássemos com eles e solicitássemos sua ajuda, dirigindo ao mesmo tempo raios de amor transformador para aqueles homens. No momento em que fizemos isso, a caminhonete foi posta em movimento e continuou seu caminho pela estrada.

Esse sonho me passou pela mente na meditação matinal e o Instrutor disse:

"Quando for enfrentar o desconhecido ou um desafio deixe que o amor maior entre automaticamente em ação. Ele funciona em todos os níveis, nos átomos de todas as coisas. Aprenda a viver com essa lei espiritual, com essa vibração superior, à qual toda a vida responde. Não deixe que as limitações mentais ou emocionais bloqueiem o caminho. Essa energia elevará e transmutará tudo o que estiver aberto à modificação."

Horas depois, quando eu estava a caminho do Centro Comunitário, lembrei-me desse sonho, pois ali estava, atolada na lama, uma caminhonete, e vários jovens tentavam movimentá-la. Parando por um momento, fechei os olhos e concentrei-me com toda a minha atenção no poder transformador do amor, liberando-o conscientemente para que envolvesse aqueles homens e a lama. Ouvi um grito e, abrindo os olhos, vi que os homens haviam desprendido o carro e o empurravam para a frente.

Poucos dias depois, aconteceu algo ainda mais impressionante. Eu estava trabalhando em meu jardim, sentindo-me profundamente sintonizada com a vida, quando me veio à consciência o meu filho e uma sensação de perigo que beirava o pânico tomou conta de mim. Eu sabia que ele estava em um safári, na África, dirigindo um grupo de jovens na filmagem da magnífica vida selvagem. Sentei-me calmamente e liberei o amor e a luz da presença do Cristo para que o envolvesse, pedindo que lhe desse proteção. Fiquei durante muitos minutos em meditação fervorosa; depois, senti uma paz reconfortadora descer sobre mim e continuei a minha jardinagem. Quando mais tarde recebi a visita do meu filho, perguntei-lhe se algo fora do comum havia acontecido naquele dia em particular. Ele perguntou, estupefato:

"Como soube disso? Não escrevi a respeito porque não quis alarmá-la. Eu fui atacado por um grande elefante macho e parecia impossível escapar. Eu tinha estado absorvido na filmagem de alguns elefantes, à beira de um pequeno bosque. Um elefante macho assustou-se e levantou a tromba. Então começou a bater as orelhas, sinal certo de que ia atacar. Voltei-me para dizer aos demais que entrassem no Landrover, mas ele não se encontrava lá. O rapaz que o dirigia havia saído com o carro para fazer algumas fotografias. Gritei com todos para que se pusessem atrás das árvores, que eram poucas e estavam distantes umas das outras. Agarrei a câmara e corri. O elefante atacou mas parou a meia distância de mim, de repente, e voltou para o seu lugar."

De manhã, quando eu olhava para o oriente através do nevoeiro matinal, as nuvens apartaram-se e apareceu o sol, uma grande bola de fogo rosada. Na beleza desses momentos, a voz interior disse:

"Através do nevoeiro da sua mente e do seu coração, ergue-se diante de você a beleza do amor mais elevado. Reconheça isso e o transmita para o jardim, para todas as pessoas e para toda

a vida. A alegria e a gratidão mesclam-se nas bênçãos desse amor."

Imediatamente, submeteram-me a uma prova. Fui para o banheiro tomar um banho e uma mosca ficou zunindo em volta da minha cabeça, incomodando-me. Quando ordenei à mosca que saísse do meu caminho, ela voou para a luz do aquecedor e queimou-se, caindo depois dentro da bacia, onde se afogou. Observando esse drama, senti-me de certa forma responsável por ela e tentei compreender exatamente o que acontecera. Meu Eu Superior disse:

> *"Ó 'Mão' do nosso Ser, o poder criativo e o resultado do uso dele em sua mente e ações são uma coisa vital. Você desejou que a mosca saísse do seu caminho, um desejo negativo, sem amor, e o resultado foi claro. Fique sabendo que aquilo que for criado pelos seus pensamentos acontecerá, e, nisto, sua responsabilidade é maior, pois você tem o conhecimento das energias dos ritmos superiores. Todo pensamento, toda palavra que já foram um dia expressos neste planeta, de alguma forma afetaram, em dor ou alegria, outras pessoas. Deixe que os seus pensamentos se dirijam em raios amorosos e curativos, pois cada um deles cria o seu reflexo. Só assim você poderá ver alguém ou alguma coisa numa perspectiva real, precisando da totalidade que esse amor traz. Quando você puder fazer isso, poderemos confiar em você, com segurança, para fazer o nosso trabalho."*

Acima de tudo, eu queria ter fé suficiente para me entregar à vontade superior e merecer a confiança no trabalho que me permitiriam fazer. Na meditação, mostraram-me os bloqueios interiores que impediam que esse amor que transforma viesse à minha vida, sendo que um dos maiores desses blocos era o que se referia ao julgamento dos outros. O Instrutor Interno explicou como isso nos coloca em posição vulnerável e, então, levou-me a uma experiência que mostrava o efeito do julgamento.

> Eu caminhava pela rua de uma cidade como num sonho, quando alguns jovens de aspecto grosseiro se aproximaram e eu senti que pretendiam atacar-me. Tendo comigo um revólver, apontei-o

para o jovem que estava mais próximo de mim. Meu Instrutor ordenou:

"Largue essa arma! Você a traz consigo porque tem medo, porque faz um julgamento. A fé e o amor dos seus ritmos superiores podem anular esse medo e você conseguirá caminhar livremente."

Com uma imensa sensação de alívio, continuei a caminhar, mas logo encontrei outro grupo de jovens que experimentavam drogas. Pensando que estavam prestes a fazer coisas perigosas, fiquei a imaginar de que forma seria possível não julgá-los. A voz do Instrutor cortou os meus pensamentos:

"As drogas que controlam e destroem são a negatividade dos seus pensamentos e reações. Deixe que a sua mente superior envie através de você o poder do seu amor transformador para ajudar e abençoar esses jovens. Veja, através de suas máscaras, os seus ritmos superiores, porque assim fazendo você poderá ajudá-los a se tornarem intuitivamente conscientes do seu Eu Superior. Você cria o que vê! Esta é a sua responsabilidade. E isto requer a sua concentração e sua cooperação.

"Ponha de lado as armas do seu julgamento e as suas drogas de negatividade. Assuma o comando da sua vida e rejubile-se com a liberação que isso trará."

Seguiu-se, então, um acontecimento extraordinário, inusitado. Fui levantada no ar e, depois, fui repentinamente solta. Caí como uma bola de mercúrio tombando num mar de consciência, com uma sensação confortável de leveza. Eu estava dispersa em cada átomo do universo e, aos poucos, fui-me integrando novamente ao meu próprio ser e logo estava de volta à sala de aula. Trazia impulsos dos átomos de todas as coisas manifestadas. O Instrutor explicou:

"A consciência se estende a tudo o que existe. A beleza e a graça que vêm do ato de partilhar e do serviço inspirado são a parte verdadeira desse ritmo do amor maior, desde que não haja apego em relação à energia que passa através de você. Dando

livremente esse amor, podemos trabalhar juntos para atender às necessidades reais."

A harmonia e o poder interior da experiência conservaram-se comigo. Depois, eu caminhava com outras pessoas por um vale estreito, entre colinas, e nessa aventura havia tantos amigos como pessoas estranhas. A beleza calma e a clareza de visão me deixaram plena de um sentimento de profunda alegria, e eu envolvia com amor todas as pessoas que encontrava. Guiando-nos, o Instrutor disse:

"O serviço é prestado de várias maneiras. O maior serviço que podem oferecer é envolver uma pessoa com a proteção do amor. Cada pessoa deve ser protegida e posta em segurança nos pensamentos, em suas palavras e no seu coração, assim como no plano físico da vida."

Nos dias que se seguiram, pediram-me para compartilhar um dos ritmos superiores com outras pessoas, ofertando-o como uma dádiva e observando a reação dessas pessoas. Escolhi o Segundo Ritmo, o do amor que transforma, e deixei que o seu poder fluísse silenciosamente de mim para cada uma das cinco pessoas. Percebi, a cada vez, que se tratava de uma experiência nova, diferente. Algumas pessoas mostraram verdadeira vivacidade de espírito, outras disseram que se sentiram melhor só com os poucos minutos que passamos juntas. Em cada um dos casos, senti uma luz interior provocar um fluxo de gratidão em meu coração, ligando-me ao meu Eu Superior para enviar um amor ainda maior para a próxima pessoa.

"Cada dádiva é uma jóia diferente que se une à outra por causa das vibrações interligadas, únicas em cada pessoa. Que essas jóias sejam reunidas para serem ofertadas em outro plano."

Na ocasião, eu não compreendi a promessa implícita nessas palavras. Como acontecia freqüentemente, os meus Instrutores Internos estavam me preparando para um trabalho futuro com o meu Eu Superior. Eu devia aprender a servir em outro plano, e essa é a história do Templo da Totalidade.

Nessa fase, de repente, me conscientizei de uma dor surda no meu ombro esquerdo. Quando tentava levantar o braço à altura do ombro, sentia uma cãibra dolorosa, que parecia "congelá-lo". Nada a aliviava, nem linimento, calor, massagem suave ou cura dirigida através do pensamento dos amigos. Finalmente, numa prece, desejei compreender a razão daquela dor e saber se ela sempre seria um problema. A resposta veio na manhã seguinte:

> *"Com todas as suas boas intenções de compartilhar a sua casa, você ainda não está oferecendo aos seus hóspedes suficiente atenção amorosa ou vendo-os na liberdade da luz interior. Seu relacionamento concentra-se demasiadamente no nível mental, e isso refletiu-se em seu ombro entorpecido. Nós lhe damos esse barômetro para a atmosfera interior; aprenda a deixar que esse amor flua livremente para os outros através de você, e o seu ombro ficará curado."*

Não sei por que me era tão difícil fazer isso. Eu desejava tanto a liberdade de movimentos para o meu ombro quanto a capacidade de oferecer uma atenção verdadeira e amorosa às pessoas que ficavam comigo. E isso não chegou a acontecer pela tentativa de controlar os meus pensamentos e as minhas ações. Finalmente, foi preciso a inusitada experiência de uma visitante extremamente difícil, que se hospedou no meu *trailer*. Em desarmonia consigo mesma, com Findhorn e com o mundo, ela me abalou a ponto de fazer com que a energia transformadora do amor entrasse em ação.

Tal fato aconteceu mais sob a forma de uma autoproteção do que como atenção para com ela, mas funcionou das duas maneiras para nós duas. Com seu modo de viver centrada em si mesma, sem coordenação, eu fui ficando tensa e profundamente preocupada. Embora muitas das coisas que ela fazia fossem importunas, uma delas foi realmente perigosa. Habituada a usar o piloto em seu fogão a gás, ela abria o gás, no *trailer*, e esquecia de usar fósforo ou acendedor. Certa manhã, senti cheiro de gás, como sempre, e fui ver o que estava acontecendo, tal como já havia feito em várias ocasiões. Minha paciência estava a ponto de esgotar-se quando fui tomar banho. Estava orando, pedindo auxílio, quando, de repente, os raios do sol, que emanavam detrás de uma nuvem escura, iluminaram a janela numa explosão de luz. Nesse momento algo dentro de mim se liberou e uma voz interior disse:

"Ame sua hóspede, de modo completo e incondicional. Deixe que o Amor Superior brote de você com o seu poder transformador. Ele a protegerá, protegerá o seu lar e estimulará nela um centro profundo, auxiliando-a de um modo além da sua compreensão."

Senti-me invadida por uma grande corrente de amor, que não cessou, continuando a encher a minha mente e o meu coração e que a envolveu durante toda a sua estada em minha casa. Logo as pessoas estavam comentando a mudança que se fizera na minha hóspede. Eu não lhe dissera nada; apenas libertara a energia do amor superior, para que ele pudesse fluir. Quando ela se foi e a prova terminou, vi que estava usando perfeitamente o meu braço e que o ombro estava totalmente curado.

Depois, os meus Instrutores Internos focalizaram as coisas para mim, com uma nova explanação, a fim de ajudar-me a compreender melhor a forma pela qual trabalhavam conosco. Primeiro, veio uma resposta enigmática:

"Quarto Ritmo e tecelagem."

Minha primeira pergunta foi: "O que leva o Quarto Ritmo a trabalhar para causar uma ação de ligação e o que significa o sincronismo em relação com esse ritmo?" Em minha meditação, deram-me algumas respostas:

"Esse é o conhecimento usado através dos tempos por aqueles que sabem quem são."

Uma luz suave inundou a minha consciência e, no seu centro, "C", o Iluminado, apareceu e disse:

"Sustentado pelo Poder Supremo, eu lhe trago para a luz, o amor, a fé e as energias revigorantes dentro do seu ser, para que elas se dirijam para a verdade, para o padrão perfeito da sua vontade superior."

O poder revigorante daquela luz permanecia comigo quando, ainda em presença de "C", o Instrutor disse:

"Nós lhe damos uma chave para o poder que está dentro de você, dentro de todas as pessoas. As que deixam que ele apareça e seja tecido no tear do seu ser, compreenderão a magnificência das palavras:
SEJA FEITA A TUA VONTADE ASSIM NA TERRA COMO NO CÉU."

Foi-me comunicado este gráfico:

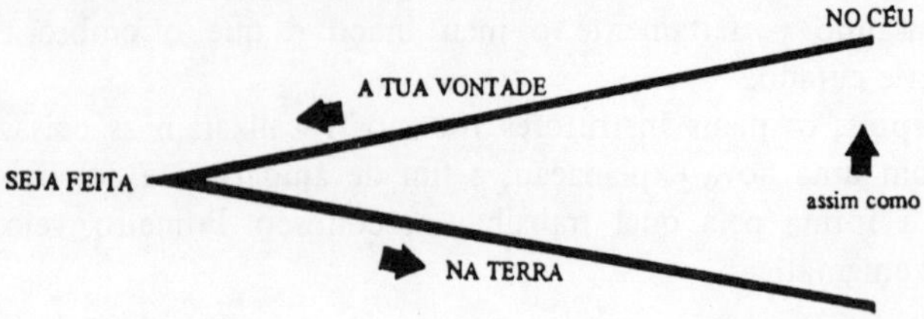

"O Quarto Ritmo está onde estiver a sua ação e é uma chave vital para as suas vidas. Centralizem-se nesse ritmo, entre as oposições, durante todo o tempo, até que eles desapareçam. Nesse "centro" não há necessidade de decisões. A orientação é verdadeira e vem de um centro superior; ela chega através do conhecimento interior, da clareza e da percepção e não de um ensinamento externo. Que a sua atenção se focalize nesse Quarto Ritmo, que também é conhecido como o ritmo da compaixão. Permaneça livre na meditação e no sono para que os parceiros internos trabalhem com você nos sonhos, na silenciosa escuta, na oração, nos períodos de sintonia com os ritmos superiores ou nos rasgos de intuição. Não há altos nem baixos nesse ritmo, pois ele é o cerne dos outros, o ponto de partida. É o régio caminho."

Comecei a aprender a usar esse ritmo, voltando-me para ele em pensamento, ouvindo em silêncio e liberando a minha mente para que ela ficasse mais intuitivamente consciente durante o dia.

Certo dia, na aula de meditação, o Instrutor nos falou com tal precisão que provocou em nós uma disciplina interior, fazendo com que os modelos desaparecessem. Admirávamos um céu completamente claro, de um azul profundo, onde a lua, como uma grande bola de ouro, erguia-se majestosamente; observávamos fascinados. Quando a lua iluminou o horizonte, o Instrutor falou:

"Apenas deixem que os Ritmos de Ouro fiquem claros no céu de suas consciências. Até onde os seus olhos alcançam, o céu está claro; da mesma forma, até onde a sua visão interior alcança, toda a consciência está clara, no poder da nossa comunhão."

Eu me vi elevada a uma região de um azul mais claro, que, de início, parecia ser um vazio. Depois, as energias curativas começaram a se movimentar em ondas pelo meu corpo, e percebi que estava sentindo a ação da interligação do ritmo intuitivo. Minha mente foi ficando extraordinariamente clara, à medida que os raios do ritmo mental superior nela penetravam com ímpeto de fé e inspiração. Naquela claridade, o amor transformador do Segundo Ritmo percorreu o meu corpo, relaxando todas as tensões. Estava ocorrendo uma mudança em todos os níveis; o meu corpo físico estava sendo curado, à medida que as células mudavam de acordo com o padrão mantido pelo meu Eu Superior. Eu senti as células do meu corpo me enviarem a sua gratidão quando voltei a ter percepção do plano terrestre. Durante o dia, uma sensação interior de encantamento manteve-me consciente do júbilo do meu Eu Básico, grato pela experiência e por eu reconhecer o seu importante papel na vida que vivíamos juntos. Perguntei como poderia compreender aqueles ritmos superiores, como poderia deixá-los atuar mais na minha vida. Na manhã seguinte, tive a resposta:

"O plano divino é tecido no tear do mundo material. Observe a importância do tear; porque sem ele os fios de ouro dos ritmos superiores não podem ser tecidos no plano terrestre e o trabalho que temos de fazer juntos não pode ser realizado. O tear é feito dos seus corpos inferiores. Cuide deles, a fim de que estejam sempre prontos para tecer."

Este desenho dos ritmos me trouxe uma nova compreensão:

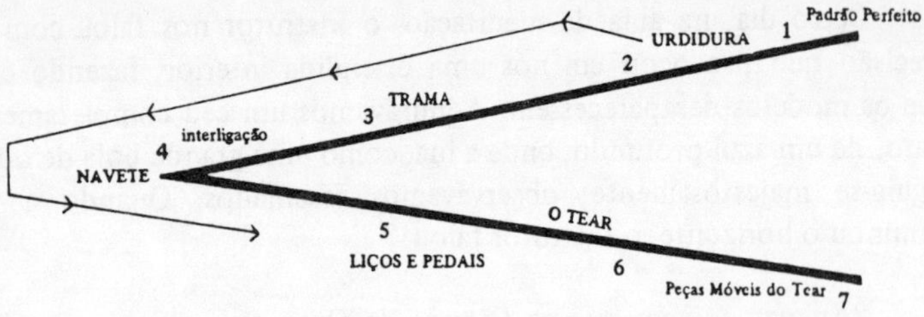

"Faça com que a trama seja fiel ao padrão superior do Ritmo de Ouro e não haverá necessidade de refazer o tecido.

Para os fios da URDIDURA use o ritmo do amor (Segundo Ritmo). Para a TRAMA, o ritmo da luz da compreensão, a energia criativa (Terceiro Ritmo).

Os corpos inferiores são o TEAR em que é tecida a TAPEÇARIA DA SUA VIDA.

"O Quarto Ritmo é a NAVETE nas mãos do tecelão. O sincronismo trazido por esse Quarto Ritmo nunca existe por acaso. Ele é a orientação perfeita através da sua entrega consciente aos Ritmos do seu Eu Superior e, para além da linha de luz, para o Bem-Amado.

"Faça com que o tecido seja criado no tear em cada momento em que estiver acordada, usando os ritmos do corpo inferior com harmonia e graça. Que o repouso venha nas horas revigorantes do sono. Hoje, quando se sentar ao tear dos ritmos, deixe que o Quarto Ritmo traga harmonia ao conflito em que seus corpos mental e emocional estão aprisionados. Sente-se ao tear e deixe que a tecedura comece. A urdidura e a trama têm estado à sua espera e a navete está ansiosa para tecer. A liberdade que isso traz aos seus parceiros interiores para trabalharem com você está no seu coração e nas suas mãos, se você quiser oferecê-la. Como diz o conto de fadas, à proporção que o seu tecido se adianta, a princesa adormecida será libertada do incomensurável castelo do egoísmo. Você começará a conhecer o seu verdadeiro "Eu desperto". Isso irá ligá-la, sem separação, àqueles que vêm à sua vida."

Esse tear dos corpos inferiores parecia estar separado dos ritmos superiores, até me mostrarem, no gráfico, como eles funcionavam juntos. Na meditação, aprendi que o tear no qual tecemos o desenho das nossas vidas tem muitas partes móveis. Os liços e pedais são de vital importância. Através de cada liço passa um fio da urdidura; o fio da trama é preso pela navete e a ação dos pedais determina o desenho do tecido. Todos devem trabalhar juntos, em harmonia, para que o modelo do Primeiro Ritmo seja tecido com a urdidura do amor que cura e a trama da luz criativa.

A navete da meditação, a escuta interior, a prece e a ação intuitiva tornavam-se uma força criativa em minha vida e já não eram mais um acontecimento incidental, intermitente. Aprendi a parar por um momento para me identificar com o que estava fazendo e, assim, preparar o corpo para a ação. O Instrutor disse:

> *"É tão essencial ser constante e regular em sua meditação, quanto na prática de qualquer arte. Quando, na oração, você perguntar claramente, principalmente antes de adormecer, você receberá a resposta para a necessidade do momento. Os Ritmos de Ouro vêm do espírito. Você é a catalisadora, abrindo caminho para a ação do Quarto Ritmo, mas depende de você enfrentar o desafio de aprender a compreender e controlar o que está criando em seus pensamentos."*

Ali estava o verdadeiro ponto de partida! Enquanto eu não pudesse admitir, aceitar e trabalhar com o meu Eu Básico, para liberar o bloqueio do caminho causado pela minha mente, a navete da meditação e da ação intuitiva não poderiam ser livres e eficazes. Essa interação era um mistério para mim, e pedi mais ajuda.

> *"O Terceiro Ritmo é o doador da luz interior. Ele traz compreensão e confiança e libera a energia criativa. Essa energia espiritual só pode ser usada no plano terrestre com a força de vida que é produzida pelo Eu Básico, à proporção que você aprende a abrir o caminho."*

Logo aprendi que cada pessoa tem um padrão individual que se mescla às necessidades das demais em ritmos mais amplos e mais fortes, sendo todos interligados. Meu Instrutor Interno explicou que os Fios de

Ouro dos ritmos superiores, embora em diferentes gradações e tons, provêm todos da mesma Fonte, da lã de um único Cordeiro.

Todas as vezes que eu conseguia me lembrar de me manter atenta aos ritmos superiores, sentia suas energias ajudando-me e libertando-me no que quer que eu estivesse fazendo; porém, apesar das claras instruções recebidas, muitas vezes eu recaía no hábito de fazer as coisas da forma mais difícil. O único alívio vinha da paciência e do total perdão dos meus parceiros internos. Assim como uma boa esposa e mãe a fazer coisas para a sua família, eu comecei a aprender e a praticar o Quarto Ritmo, mais por amor aos meus parceiros internos do que por mim mesma, e cada abertura vitoriosa para a energia superior tornava mais fácil esse novo caminho. Às vezes eu tinha que chegar a um ponto de tensão para trazer esse Quarto Ritmo à ação; isso, porém, tinha importância, já que se tratava de uma prática que me era necessária.

Na meditação e através de sonhos o meu Instrutor Interno fez mais algumas tentativas no sentido de me ajudar a vivenciar os meus próprios níveis de consciência:

> Certa manhã, num sonho, eu estava com um pequeno grupo de pessoas, num plano mais elevado, olhando para baixo. Abaixo de nós, víamos todos os sete ritmos e nos movíamos através deles para uma semi-obscuridade, quando percebemos que estávamos sendo envolvidos pela sombra de uma montanha feita com os padrões habituais e as nossas crenças nos medos e no destino. Durante muito tempo, procuramos a luz de onde tínhamos vindo. Então, subitamente, apareceu um lindo arco-íris no céu obscuro; sua perfeição tocava os nossos corações com amor e júbilo. Não parecia haver uma ligação entre nós e o arco-íris, mas tivemos a inspiração de começar juntos a subida da montanha. E vimos que íamos deixando para trás um pouco da escuridão e das sombras.
>
> A meio caminho da montanha, reuniu-se a nós um esplêndido guia. Senti segurança em sua força e no seu conhecimento dos picos e desfiladeiros, enquanto ele nos ajudava a ouvir em silêncio.

"Nos momentos de escuta, passa através dos seus corpos a radiância

interior dos ritmos superiores e suas mentes agitadas liberam-se. Esses ritmos interiores são mais reais do que quaisquer influências ou ensinamento externo. O Quarto Ritmo é o mais importante agora, e é com ele que vocês devem trabalhar. Vocês passaram por momentos em que se sentiram sozinhos e abandonados, porque estavam ocupados demais para nos ver, a nós que estamos sempre na companhia de vocês, ajudando-os."

Na manhã seguinte a esse sonho, tive uma experiência marcante durante a meditação. Apesar da capacidade de a minha mente afastar essa experiência ou dela descrer, eu sabia que jamais voltaria a me sentir sozinha, que nunca mais estaria "só". Compreendi que a pessoa que se torna consciente dos seus parceiros internos não tem necessidade de se sentir sozinha. Desde então, tenho sentido proximidade e respeito por todas as pessoas, sabendo verdadeiramente quem são elas.

As analogias da música e da tecedura ajudaram-me a aprender quem sou eu e a aprender a respeito das energias mágicas à espera de serem usadas. O meu Instrutor Interno acrescentou uma nova nota:

"Assim como as células são substituídas por outras, novas, é essencial que você entenda o processo pelo qual as novas células seguem o padrão que a sua força criadora determina. É vital que se trate do perfeito padrão do Eu Superior, sem as distorções dos ritmos inferiores. Viva de forma que o tear realize a tecedura do seu padrão divino, para que, ao chegar o momento de deixar o seu corpo, você esteja equilibrada e belamente sintonizada com os ritmos superiores, abrindo caminho para a nova casa do espírito. Os ritmos superiores são como um grande concerto, sendo o corpo o instrumento em que ele é tocado. Somente a prática regular e devotada produzirá uma música alegre."

Ouvi a melodia começar a soar na minha mente e, no meu coração, o poder curativo e o elemento de clareza começaram a revelar as causas e a mostrar-me por que algumas coisas estavam me trazendo dificuldades. Quando compreendi que aquela música só poderia ser criada quando o corpo-instrumento estivesse afinado, compreendi, também, a importância de trabalhar com o meu Eu Básico. Eu sabia que, estando acordada ou adormecida, teria o auxílio do meu Eu Superior, na medida em que estivesse preparada para cooperar, para aceitar e trabalhar com o seu auxílio. Ouvi, na meditação, uma frase musical que me inspirou a pôr em prática a lição. Com a minha "Mão" desajeitada, fui aos poucos aprendendo a tocar aquele trecho e, enquanto praticava, ia aprendendo a parte seguinte de outras lições.

Numa manhã, "R", o meu Anjo da Guarda, apareceu para me fazer lembrar:

"É o seu Eu Superior que mantém as notas e as peças completas de música, ou os fios e desenhos da tapeçaria da sua vida. Esse perfeito e confiável parceiro guia você fielmente para o desenho da sua vida, à proporção que, com o seu livre arbítrio, os seus interesses e desejos, você permite. Cada fio que é levado ao seu lugar produz beleza, alegria e saúde radiante."

Perguntei: "E o que acontece com todos os outros fios que distorcemos, causando uma tecedura malfeita?" A resposta veio, claramente:

"Quando você mergulha em sua tendência negativa, esses fios de vida têm de ser retirados e substituídos por outros, antes que a tapeçaria esteja completa. As partes desequilibradas da sua vida, que às vezes vêm à tona sem que se perceba a razão, mostram-se na sua condição física, nos seus relacionamentos e nas circunstâncias em que se encontrar. Quando você aprender a cooperar com os seus parceiros internos, verá que, a cada momento, enquanto tece novos fios, você também estará desenredando e substituindo os fios, sempre que for necessário. Todo o modelo estará completo antes que você passe para um maior."

CAPÍTULO V

NOSSA PARCERIA INTERNA

> "Aprendam a estar à vontade na parceria com o Eu Superior: é ele quem conduz o Plano Divino."

"Você é o parceiro que serve de catalisador para a abertura do caminho, para que a força da vida do seu Eu Básico e as energias dos ritmos do seu Eu Superior sejam sabiamente usadas. Somente quando você estiver preparada, e desejando que isso aconteça, poderá a sabedoria, a fé e o amor que transforma o Eu Superior, o perfeito Eu-Pai, guiar a Vida da sua 'família' interior reunida."

Através das eras, a sabedoria antiga tem falado do mistério das três áreas da consciência, agora redescobertas pela psicologia moderna. Quando compreendi que cada um de nós é uma bela "associação de três", descobri uma nova percepção e uma compreensão mais nítida da vida. Aprendi que já havia um vínculo íntimo entre os meus dois parceiros interiores, mas eu tinha de abrir caminho conscientemente, confiante, para que a minha própria parte na trilogia fosse mais efetiva. Deram-me a seguinte ajuda:

Assim como as partes móveis de um tear, o nosso Eu Básico dirige os nossos corpos, assegurando-se de que cada célula esteja trabalhando com eficiência, em harmonia com todas as outras. Nesse trabalho, os nossos Eus Básicos estão de modo tão inextricável interligados com os nossos Eus Superiores quanto os fios da urdidura que passam pelos liços do tear. Fizeram-me ver que tudo quanto eu sempre havia pensado ou experimentado, bem como todas as minhas reações às provas e às circunstâncias da vida, era mantido no banco de memória do meu Eu Básico, assim como um microfilme guarda uma grande quantidade de informações num espaço diminuto, e reproduz tudo, se isso for necessário.

Meu Instrutor Interno disse:

"O sono é o tempo para a parceria interna. As energias superiores fazem parte da sua vida tanto quanto a respiração, e se você as

mantiver no seu pensamento antes de adormecer, elas terão uma eficácia maior. Entre em comunhão conosco com gratidão e em prece de escuta e, depois, peça o auxílio de que necessita. Isso libera a mente e a ação agitada do corpo. O sono, através dos sonhos, é o tempo para a renovação e o ensinamento interior. Deixe que todos os seus ritmos fiquem em harmoniosa comunhão com o seu Anjo da Guarda e mantenha essa linha de luz na sua percepção, ao acordar. Sinta o júbilo dos seus parceiros internos quando você iniciar uma suave prece de exercício, para energizar o seu corpo. A beleza e a graça dessa energia estarão com você durante o dia.

Quando tentei recordar a luz interior e as lições aprendidas nos sonhos, percebi que o caminho estava mais aberto para que as energias superiores trabalhassem através de mim. Meu corpo e meu Eu Básico responderam com gratidão a essa ajuda afetuosa.

Certa manhã, numa meditação silenciosa, fui levada a um ponto de equilíbrio de onde podia observar tanto os corpos superiores quanto os inferiores. Raios de amor emanavam dos ritmos superiores, transmutando as vibrações dos corpos inferiores para relaxar as tensões, e havia uma energia renovada. Um ARCO* de luz formou-se acima de mim, quando "R", Anjo da Guarda, e "C", o Iluminado, aparecem para ajudar "A", meu Eu Superior, que estava tentando chegar à minha mente consciente. "A" tinha um duplo papel. Era o meu Instrutor Interno pessoal e também um Ser Superior. Eu era a sua "Mão", já que levava adiante o seu trabalho no plano terrestre.

O meu Eu Básico, que eu conhecera com o nome de Ginger, respondeu às energias superiores, diminuindo o ritmo do meu coração e da minha mente. Conscientizei-me de uma clareza mental além da mente normal, enquanto o ritmo mental superior trazia uma luz interior, liberando uma energia que fluía através da mão que segurava a caneta. Quando compreendi que aquele drama estava sendo representado para mim, senti uma identificação íntima com cada um dos "atores" e percebi que o meu papel era observar sem fazer perguntas.

* Em inglês "ARC", palavra formada pelas três inciais "A" (o Eu Superior), "R" (o Anjo da Guarda) e "C" (o Iluminado) (N.T.).

Os ritmos superiores derramavam sobre mim energias revigorantes e eu observava Ginger, que, em puro encantamento, fazia uso delas para anular pontos de tensão. Percebi que, então, eu me havia relacionado com Ginger como sendo um ego que eu supunha ter-me causado perturbações e a quem culpava quando as coisas não iam bem. Nessa aventura, percebi que era eu quem lhe causava problemas. Meu Eu Superior respondeu com amor e paciência:

> *"Nos primeiros dias, quando você estava começando a compreender e a aceitar a percepção interior e a responsabilidade, você foi bem cuidada. Lembre-se agora daquele amoroso cuidado, quando for trabalhar com o seu Eu Básico, que fornece força de vida para tudo o que faz e que traz à sua mente consciente a orientação que lhe envio. Aprenda a amá-lo como a uma criança, seja mais firme e, ainda assim, mais amorosa e paciente, pois ele espera de você orientação e cuidados. Ele somente poderá ser libertado quando você se tornar consciente da sua magnificiência interior; enquanto não fizer isso, ele se sentirá aprisionado e, às vezes, alvo de desconfiança. Só você pode fazer com que ele viva livremente, compartilhando o vínculo que ele tem comigo. Nunca ignore ou subestime essa parte do seu Ser, porque ela é a sua linha de vida e a administradora da casa em que você mora. Suas frustrações são causadas por falta de autodisciplina, que lhe dá consentimento para uma conduta desordenada. Quando a sua amorosa bondade acertar o passo, este esplêndido parceiro a acompanhará alegremente, trabalhará com você e trará orientação superior para auxiliá-la."*

Ao falar, ele balançou a cabeça na direção de Ginger. Eu descobri que Ginger se havia surpreendido quando o meu eu consciente, respirando profundamente, tomou conta de uma de suas tarefas. Seu interesse foi despertado, e estabeleceu-se uma comunicação mais livre, pela qual minha mente consciente recebeu um lampejo de intuição do meu Eu Superior em resposta a uma pergunta. Aprendi que, embora Ginger tivesse acesso a todo o conhecimento de que eu pudesse precisar, ela não tinha nenhum interesse em si mesma, a não ser que eu pedisse uma informação para atender a uma necessidade específica. Minha mente consciente habitual não tinha percepção do vínculo que existia entre o meu Eu Superior e Ginger. Enquanto eu observava, o Instrutor explicou:

"Esta é uma proteção necessária, porque, dada a sua falta de sabedoria e a sua pouca compreensão dos ritmos superiores, sua mente consciente não está preparada para lidar com o conhecimento que estaria disponível para você. Ginger não tem essa proteção e está completamente aberta aos seus pensamentos e ações."

Enquanto observava, fiquei tão interessada no que Ginger estava fazendo, que me senti una com ela. As vibrantes energias da mente superior e os átomos que giravam nas células do corpo entraram em sintonia para trazer um fluxo de amor transformador, a fim de curar e aliviar as tensões. Era como dançar ao som de uma música com a qual se estivesse completamente sintonizado.

Algo de mágico estava acontecendo na ação dos ritmos. Uma força criativa me percorria, fazendo com que o belo padrão do ritmo mais elevado se refletisse mais claramente no corpo físico. Então "R", o radiante Anjo da Guarda, reuniu-se a nós:

"Através deste reflexo do padrão superior, você começa a compreender os ritmos do seu Eu Superior, que se manifestam no corpo físico. Você também capta um lampejo da luz maior de um poder ainda mais alto, que produz o reflexo do padrão superior na sua vida."

Eu ansiava por liberar mais do poder interior desses adoráveis ritmos que há tanto tempo estavam esperando para entrar em ação, mas minha atenção foi levada de volta a Ginger, que começara a sentir uma sonolência pesada no corpo. Senti que isso talvez se devesse à interrupção da minha meditação e não quis perder o espetáculo. Fiquei aliviada quando o meu eu consciente, apanhado no tumulto daquela sensação de peso, pediu auxílio, e eu vi o amor protetor de "A" envolvê-lo. O contraste e o alívio foram tão grandes que lágrimas subiram-me aos olhos. De novo, "R" falou:

"Este corpo, como hidrogênio isolado num tubo de ensaio, é

relativamente ineficaz, por si só, sem o oxigênio do Eu Superior e sem o catalisador, o Eu consciente, que abre caminho para a ação. Quando o oxigênio do espírito encontra o hidrogênio da resistência na mente e no corpo, podem resultar lágrimas. Rejubile-se quando as lágrimas forem causadas pelo alvorecer da luz interior, porque isso é uma abertura no caminho da grande aventura da vida."

Quando o espetáculo terminou, senti uma luz no coração de cada átomo, ligando-se ao amor que me percorria. O Instrutor Interno perguntou:

"Quanto tempo esta harmonia e este equilíbrio podem ser mantidos, enquanto você impede a entrada do padrão da energia da vontade superior, por meio das inseguranças, desejos egoístas e necessidade de usar o seu livre-arbítrio?"

Pensei nisso, ao perceber claramente que, se o caminho se mantivesse aberto para um maior conhecimento superior e amor em minha vida, e para que a vontade do Eu-Pai estivesse mais no comando, o equilíbrio e a beleza da parceria interna continuariam a trazer inspiração para o meu trabalho. O Instrutor continuou:

"O verdadeiro trabalho que você tem a realizar, à proporção que vá tendo uma percepção maior do seu papel consciente, é ter uma fé absoluta para manter o caminho aberto. Essa abertura é tudo quanto se faz necessário; as energias estão prontas para aparecer sempre que você lhes conceder a mínima fresta ou abertura."

De vez em quando, na memória ou em períodos tranqüilos, eu captava um vislumbre da menina que fora. Via que, através dos anos, os meus parceiros internos, desconhecidos para mim, haviam tentado encorajar-me de todas as maneiras, para que me conscientizasse do auxílio que me estavam oferecendo e do amor e dos cuidados que me dedicavam.

Eu havia ignorado os sonhos, vendo-os apenas como perturbadores do meu sono. Para mim, as histórias da Bíblia eram coisas muito antigas; mas, ainda assim, bem no meu íntimo, eu sabia que se as pessoas, na Bíblia, podiam ouvir a voz de Deus e ver anjos e seres de luz, com toda a certeza poderíamos fazer o mesmo atualmente! Demorei para perceber o sentido oculto dos contos de fada e dos mitos que liam para mim, mas gostava da história do menino Dick Whittington, que tinha para mim uma profunda significação. Quando ele ia se arrastando para fora de Londres, desencorajado, ouviu uma voz interior que disse: "Volte, Whittington, Prefeito de Londres." Ele voltou para a cidade e, ao crescer, por três vezes, foi Prefeito de Londres.

Um dia, já moça, eu caminhava no pomar de minha casa, na Nova Inglaterra, por entre as árvores, já com a floração da primavera. Subitamente, essa beleza me trouxe uma harmonia profunda, que me transportou para um lugar de encantamento. Voltando à realidade do pomar, exclamei: "Eu não pertenço a isto aqui, a este lugar, com estas pessoas."

Naquele momento, iniciou-se uma busca, um anseio de desvendar o mistério da vida, uma indagação que iria levar-me a muitas experiências e a muitos lugares. Meus trinta e sete anos de trabalho profissional com o Escotismo Feminino foram reais e significativos. Mas foi somente quando fui encorajada, inspirada pelo meu Eu Superior, a deixar por algum tempo o agitado turbilhão e a permanecer tranqüilamente de lado, que comecei a acordar para uma realidade mais profunda. Por fim, descobrindo a energia dos ritmos que estavam disponíveis na parceria interna, a minha vida tornou-se mais ativa do que nunca, de forma muito mais concentrada. Um trecho de um poema de Goethe ajudou-me:

> "Life is not quitting the busy career,
> Life is but fitting one's self to one's sphere."

> ["A vida não é desistir do trabalho ativo,
> A vida é apenas ajustar-se a si mesmo à propria realidade".]

Enquanto eu procurava ter uma compreensão mais clara do contato com as minhas energias superiores, o Instrutor disse:

"A sua própria mão, como parte do seu corpo, é nutrida pela

circulação do sangue sustentada pelo pulsar do seu coração. Assim, deixe que a 'Mão' do nosso ser maior seja nutrida pela circulação das energias espirituais sustentadas pela fé e pela energia criativa, pelo amor e pela autenticidade do seu Eu Superior. Essa "Mão" é muitíssimo necessária agora; mas será inútil, se ficar impedida por uma tipóia feita com as energias mal-usadas."

Realmente, muitas vezes eu sentia que o meu corpo estava preso numa tipóia ou sob uma força pesada e constrangedora, que me impedia de fazer as coisas que eu mais desejava realizar. O espírito tinha boa vontade, mas faltava força ao corpo; ou isso seria apenas falta de coordenação e autodisciplina?

Certa manhã, eu tinha quatro cartas para responder. Não eram coisas simples, já que cada uma delas exigia muito tempo, pensamento e uma cuidadosa redação. Eu vinha adiando as respostas, levantando em minha mente, de forma inconsciente, uma série de obstáculos. Quando compreendi aquele ridículo desperdício de energia, pedi auxílio. O meu Instrutor Interno apareceu no momento da meditação:

"Dê-nos uma hora e todas as quatro cartas serão respondidas."

Apanhei a caneta e, dentro de uma hora, a redação das cartas estava pronta, cada uma tendo sido efetivamente escrita com palavras inspiradoras. A hora silenciosa tornou-se a parte do dia em que os inspirados planos de trabalho criativo delineavam-se; depois disso, o dia era deliciosamente vivido pela orientação esclarecedora, com a pura alegria do jogo com aqueles parceiros internos e os felizes relacionamentos que se seguiram em minha vida.

Na manhã seguinte, foram-me dadas mais explicações sobre a meditação:

"Com profunda gratidão, você vai para a sua cama aquecida à noite, e se entrega totalmente ao sono restaurador. Da mesma forma, agora, na meditação, você é atraída para o cálido afeto da totalidade do nosso ser maior, para a restauração. Nessa sua entrega, os corpos inferiores liberam conscientemente o seu controle, permitindo que predominem as energias superiores, para fortalecer seu corpo e guiá-lo no trabalho a ser feito. Mas

há uma diferença entre você estar absorvida pelo sono e vir até nós em percepção, porque liberando conscientemente o seu corpo e a sua mente, você pode observar o que está ocorrendo no nosso Ser. Isso é, mais ou menos, como se a sua mente ativa estivesse observando os movimentos da sua mão. Quando você medita, está livre para expressar uma energia superior, que flui em você."

Daí seguiu-se uma revisão de várias lições:

"Essa parceria é fundamental para tudo o que você faz: para a respiração que o seu Eu Básico faz por você; para a pulsação do seu coração em ritmo com o universo; para a digestão do alimento para o corpo e a mente. Na grande sinfonia que está sendo executada através do seu corpo, você, como regente, deve fornecer ao seu Eu Básico apenas pensamentos, reações e alimentos que sejam da mais alta qualidade. Deixe que uma onda de alegria e amor desembarace o caminho para a luz interior, para a esplêndida saúde e uma juvenil abordagem da vida."

O amoroso auxílio, e a vivacidade de espírito de Ginger e de "A", e, às vezes, o seu delicioso senso de humor, aumentavam a minha satisfação a cada manhã, na hora silenciosa em que as lições mais profundas eram aprendidas, as respostas eram dadas e muitas coisas práticas eram esclarecidas. Os parceiros internos continuavam comigo durante o dia, acrescentando alegria e fornecendo auxílio à sua própria maneira. Ginger, com sua capacidade intuitiva, dava sabor à vida.

Meu anjo da guarda disse:

"Sua cooperação com Ginger, e sua entrega às energias dos Ritmos de Ouro de 'A', são os seus maiores agradecimentos, porque isso é a sua comunhão conosco."

Sabendo que ainda havia muito o que despertar, perguntei de que forma devia agir. Na manhã seguinte, durante o período de silenciosa meditação, "R" apareceu. No cálido fulgor da sua luz e do seu amor, eu estava novamente no templo. A música elevou-se, enviando os seus vibrantes raios curativos através do meu corpo. Raios coloridos, ligados às notas da música, tinham, cada qual, um efeito diferente sobre a minha mente, o meu coração e o meu corpo. Quando o tom da música baixou, "R" disse:

"Aprenda a estar à vontade na parceria com o seu Eu Superior. É ele quem leva adiante o "Plano divino". Dele são a luz e o amor, que vão prepará-la para viver nas crescentes energias da Nova Era. Em torno de você há muitas coisas, algumas belas e equilibradas, outras feias e deformadas e, entre essas coisas, você escolherá a cada momento aquelas com as quais quer viver."

Durante as semanas seguintes, as lições do silêncio matinal me vieram por meio de formas práticas e, muitas vezes, com um delicioso senso de humor.

"Diga as palavras 'eu te amo' para a luz dos átomos de todas as coisas. Há uma grande energia em cada átomo e essas palavras, ditas com sinceridade, libertam-na dos pensamentos que a oprimem e abrem caminho para o poder que há nelas."

Nessa noite, ao acordar com a garganta seca, resolvi levantar-me para tomar um gole d'água. No escuro, bati contra a porta, machucando o olho.

Pensei, imediatamente: "Não foi culpa da porta; amo cada um dos seus átomos." À porta eu disse, com toda a sinceridade: "Eu te amo." Na manhã seguinte, não havia nenhuma marca e "A" foi claro na sua aprovação:

"Se você tivesse permitido a si mesma zangar-se e tivesse dado um pontapé na porta, de raiva, provavelmente você estaria com o olho preto e com o dedo do pé também preto."

Compreendi que, tendo aprendido a lição, não mais precisaria sofrer. Desenrolou-se um verdadeiro jogo de esgrima enquanto eu tentava me acomodar ao meu papel nessa parceria. Embora o ensinamento interior parecesse tão fácil de seguir, eu o estava dificultando, até compreender que toda situação me preparava para o passo seguinte.

Tinham-me dito: "Quando você cooperar de forma mais integral, Ginger lhe dará um corpo seguro, flexível, saudável e pronto para o trabalho que você será inspirada a fazer." Eu estava começando a perceber alguns sinais. Então, surgiu uma nova abordagem num *workshop* de Findhorn.

Mostraram-nos uma grande esfera de consciência, com um centro de luz e o modelo cármico que conduzimos na esfera. Meu Instrutor Interno serviu-se disso, com vigor, no período matinal de silêncio:

> *"Sua esfera de consciência inclui tudo quanto você jamais pensou ou pode imaginar. Do centro, onde vive o seu Eu Superior e os que a guiam, os impulsos da vida movem-se para fora da circunferência, e a ela retornam num livre fluxo de energia. A perturbação aparece quando aqueles impulsos se vêem bloqueados pelos seus pensamentos negativos ou pelas crenças da sua cultura. Você pode envolver-se tanto numa situação negativa, a ponto de esquecer quem é, de esquecer o seu verdadeiro centro de luz e de verdade. Quando isso acontecer, a não ser que você peça auxílio, pode permanecer prisioneira, como a princesa no castelo, até que alguém se preocupe com você o bastante para despertá-la e libertá-la, para que você possa seguir adiante novamente."*

Aprendemos que, neste exato momento, em nossa consciência, estão todos os impulsos que um dia criamos, mesmo os negativos, à espera de serem anulados. Achei importante saber que, com fé, amor e a graça do meu Eu Superior, eu poderia entender e lidar com mais facilidade com todos os desafios e as áreas obscuras da minha vida.

As lições continuaram, mostrando-nos que, à proporção que vamos preenchendo a nossa esfera de consciência com impulsos de vida, tudo vai bem, desde que nos lembremos do centro onde se iniciam todos esses impulsos e para onde eles retornam. Até mesmo quando nos aproximamos de uma zona escura ou cristalizada, esta se anula facilmente sob a luz poderosa e a graça das energias do nosso Eu Superior. Se, em estado negativo, nos aproximássemos da zona escura, como, por exemplo, de um relacionamento difícil ou de uma situação desafiadora, poderíamos ficar enredados em vez de abrirmos o caminho. Meu Instrutor Interno garantiu-me:

"Os seus parceiros interiores a conduzirão, pelas mais calamitosas circunstâncias, com a luz interior, quando você confiar inteiramente neles e souber que todas as coisas são possíveis."

Certa manhã, em meditação com meu Instrutor Interno, olhei para a grande esfera da minha vida e vi algumas regiões belas. Depois, encorajada a olhar para outra direção, vi manchas densas que precisavam ser limpadas. Eu sabia que com o poder transformador do meu Eu Superior, eu poderia desobstruir aquelas áreas e, ansiosa por começar, pedi auxílio.

Quase que imediatamente, todos os três parceiros se reuniram, num lampejo de percepção. Perto do meu coração, senti um triângulo de unidade, entre o coração, os centros nervosos e os pulmões e, ao inspirar o ar, recebi uma onda de energia. Nesse momento, eu estava em comunhão com o meu Eu Básico e, através de seu vínculo com o meu Eu Superior, este também estava comigo. Era como se nuvens negras se tivessem afastado e o sol brilhasse.

Há várias semanas eu estava resistindo a um trabalho especial que meus parceiros tentavam me convencer a executar. Eles haviam dito:

"Algumas das nossas experiências em conjunto devem ser partilhadas em um livro."

Fiquei imaginando quem escreveria esse livro. Eu não tinha prática de redação e estava cega para as indicações de que essa pessoa seria eu mesma. Então, um dia, surgiu o profundo desafio:

"Você é a portadora 'dos pães e dos peixes'. Desejamos abençoá-los através da nossa 'Mão', a fim de que muitas pessoas que estão procurando, como você esteve, possam ser alimentadas. Escrevendo esse livro – Uma Jornada Interior (From the Centre) *– você terá a experiência mais reveladora da sua vida, a que mais a fará crescer. Só na profundeza dessa partilha chegará a apreciar os tesouros que nós a levamos a descobrir."*

Tentando aceitar esse desafio, apresentei o meu caso: "O que realmente necessito é de um lugar tranqüilo, onde, sem ser perturbada, possa escrever isso que vocês me pressionam a deixar que passe através da minha mente relutante."

Atravessando a extensão da Inglaterra, um outro Eu Superior captou o meu apelo. Uma senhora visitou Findhorn e convidou-me a passar várias semanas em sua adorável casa em Kent, onde fiz uma revisão da orientação escrita durante muitos anos. Lá, pude liberar meus receios de escrever e deixar que os meus parceiros internos tivessem total liberdade. Eles realmente entraram em minha vida, trazendo-me disciplina interior e contínuo encorajamento, além do seu grande senso de humor.

Certa manhã, depois de dias de trabalho concentrado, meus parceiros internos sugeriram que eu caminhasse até a aldeia para fazer um pouco de exercício e comprar o que precisava. Pus-me a andar, alegremente, cortando caminho pelos campos. Chegando à padaria, vi os pães frescos saindo do forno e sendo colocados nas vitrinas. Comprei um pão. Na volta, vi um banco sob uma árvore, coisa em que nunca havia reparado antes. Não sentia necessidade de descansar e, portanto, tentei continuar andando, mas senti um ímpeto de me sentar sob a árvore. Finalmente, cedi. Estava observando a paisagem, quando tive o impulso de olhar para trás, e vi que ali, no chão, estava um saco de papel novo e umedecido pelo orvalho da manhã. Fiquei resistindo à sugestão de apanhá-lo, mas acabei por curvar-me, apanhei-o e olhei dentro dele. Lá estava, um pouco úmido, mas brilhante e muito alegre, um cartão novo, com a figura de um cachorrinho piscando e carregando um pequeno vaso com uma só flor. O cartão comunicava, como se estivesse falando em voz alta: "Só quero dizer..." Abri o cartão e lá estava um grande "FELIZ ANIVERSÁRIO".

Por um momento, mal pude acreditar naquilo. No dia seguinte era o meu aniversário! Coloquei o cartão junto ao pão quente e, assim, quando cheguei em casa, ele estava quase seco.

Minha deliciosa Ginger, em autêntico estilo escocês, devia ter achado uma pena desperdiçar um bom cartão, que tanto serviria para me cumprimentar quanto para oferecer-lhe uma festa. Eu não tinha a intenção de mencionar meu aniversário ou de tomar tempo de minha escrita, mas aquilo era bom demais para que eu guardasse só para mim. Quando contei à minha anfitriã, ela organizou uma bela comemoração, à tarde.

De muitas maneiras, descobri que o nosso Eu Básico, inteiramente consciente de todas as coisas que são o melhor para nós, pode conduzir-nos às pessoas que precisamos encontrar e inspirá-las, tanto quanto a nós mesmos, a estarem no lugar certo e no momento certo. Quando aprendi a seguir os sinais que me chamavam a atenção, conscientizei-me mais desse sincronismo.

Eu havia recebido tantas coisas como certas, que fiquei surpresa quando me pediram para me concentrar no treinamento de Ginger. Compreendi o quanto ela é vitalmente importante em minha vida quando ouvi as seguintes palavras:

> *"No ritmo do Eu Superior, há um padrão perfeito que você põe em ação por meio da sua cooperação com o Eu Básico. Cada lembrança, cada sonho, cada invenção, vem através do Eu Básico à mente consciente sob forma de ajuda, de advertência, ou de inspiração. Embora o suprimento seja ilimitado, ele lhe chega apenas de acordo com a necessidade. Ele é limitado apenas pela sua incapacidade de cooperar e de aceitar a orientação interior.*
>
> *"Isso é tão simples quanto fazer um bolo. Com afetuoso cuidado, você mistura os ingredientes e, quando leva o bolo ao forno, deixa que as energias superiores façam o cozimento. Avisam-na de que não deve estar abrindo o forno a todo momento para ver o que acontece porque assim o bolo não cresce. Se escolheu criteriosamente o seu forno, este deverá ter uma porta de vidro para que possa olhar para dentro. A meditação é como esse forno com porta de vidro e as suas energias superiores em ação."*

Logo aprendi que estava afetando o meu Eu Básico durante todo o tempo, treinando-o em cada um dos meus pensamentos e ações. A maneira como eu fazia isso refletia-se na minha saúde, na minha capacidade de abandonar velhos hábitos e no modo intuitivo com que encarava a vida.

Eu não possuía um despertador e precisava acordar às cinco horas, certa manhã; então, pedi a Ginger que me despertasse. Fui acordada exatamente às cinco horas e, na minha alegre surpresa, dirigi-lhe sinceros agradecimentos.

O que acontecera para levá-la a dar a resposta exata? Acredito que uma das possibilidades seria o meu real compromisso para inciar o dia àquela hora. Descobri que quando declarava com firmeza e ênfase que precisava de alguma coisa, e depois dava ao meu corpo o tempo necessário para relaxar durante o sono, eu estava dividindo a necessidade e a decisão com o meu Eu Básico, dando-lhe total responsabilidade pela sua parte. Sua reação à minha sugestão é muito mais simples do que manter o meu coração batendo ou as suas demais tarefas.

Certa vez, eu tinha um compromisso tarde da noite e, como o dia fora muito longo, porque eu havia acordado muito cedo, pensei em descansar antes do compromisso e pus o despertador para tocar uma hora e meia depois. Quando acordei, exatamente uma hora e meia depois, verifiquei que o despertador não funcionara. O relógio, que sempre fora exato, parara um minuto ou dois após ter sido posto para despertar. Achando aquilo estranho, tornei a dar corda ao relógio e continuei o meu trabalho; porém, alguns dias depois, aconteceu a mesma coisa. Dessa vez, senti que queriam dizer-me algo e, pensando no meu Eu Básico, disse: "Está bem, Ginger. Lamento não ter pensado em confiar em você. Não usarei mais o despertador."

Desde então, o relógio passou a funcionar perfeitamente; quando me deitava para dormir durante o dia, Ginger acordava-me na hora certa. Percebi, porém, que devia ficar atenta a um detalhe: se eu adormecesse pensando na hora que tinha de estar em uma reunião, era precisamente a essa hora que eu acordava, sem tempo de chegar lá!

Ginger também pode encontrar objetos perdidos, como fiquei sabendo quando de uma visita à Suíça. Uma amiga perdera a bolsa, com todas as suas credenciais e uma grande soma de dinheiro. Refizera cuidadosamente o trecho percorrido, mas não conseguira encontrá-la. Perguntei-lhe onde ela havia estado e, dentre os lugares que citou, uma loja fixou-se em minha mente. Sugeri que voltássemos ao local, mas minha amiga disse com firmeza: "Não, já estive lá."

Depois do almoço, eu tinha de fazer algumas pequenas compras e, juntas, voltamos à loja. Calmamente, perguntei pelo departamento de achados e perdidos; uma funcionária revistou as gavetas, mas não achou nenhuma bolsa vermelha. Certa de que essa bolsa estava em algum lugar da loja, esperei. No momento em que minha amiga me disse que deveríamos ir embora, a mulher mexeu em algumas roupas que estavam sobre o balcão e lá estava a bolsa.

Descobri que o meu treinamento era uma faca de dois gumes.

Eu devia estar consciente dos meus pensamentos e do controle das minhas reações, porque aprendera, para minha consternação, que Ginger captava todos eles. E meu Eu Superior era um grande instrutor, pois preparou o meu Eu Básico para fazer retornar as minhas reações negativas, sob a forma de desconforto e de doença. Eu fizera alguma coisa para merecer isso, naturalmente, porque um dia, no meu entusiasmo, dissera: "Não quero formar mais nenhuma área cristalizada na minha esfera de consciência para ter de limpá-la depois; portanto, dêem-me um carma imediato, para que eu possa manter limpo o padrão da minha vida."

Assumir essa responsabilidade levou-me a muitos momentos difíceis para meu precário estágio de desenvolvimento.

O meu relacionamento com Ginger melhorou muito quando me tornei mais consciente e grata por seu notável trabalho. Ela, por sua vez, deu-me respostas para as minhas perguntas, lançou luz sobre desafios e problemas e abriu caminho para novas lições. A mais extraordinária das minhas experiências foi a de datilografar este livro. Quando chegou essa ocasião, procurei alguém para fazer o trabalho. Então, certa manhã, veio um desafio que me desapontou:

> *"Enquanto o seu trabalho de datilografia não abrir caminho para o nosso trabalho, tudo quanto você está partilhando terá pouco valor. Esta é a prova."*

Vi que, a não ser que eu deixasse as energias superiores datilografarem por meu intermédio, eu seria um fracasso em toda aquela aventura. Meu Instrutor Interno me ajudou:

> *"Pratique datilografia e deixe que os seus dedos encontrem as teclas sem esforço consciente. Isso é bom para você porque você tenta exercer demasiado controle de tudo o que faz. O nosso trabalho fluirá mais livremente quando você estiver livre."*

Não sabendo datilografar, achei que havia algum engano. E ainda estava fazendo uma tentativa quando, finalmente, o Instrutor Interno disse:

> *"Abandone isso por algum tempo até estar mais preparada."*

Um dia, quando eu estava tentando copiar alguns escritos, uma coisa estranha aconteceu. Eu ficara profundamente interessada e esquecida de mim mesma, quando compreendi que os meus dedos estavam datilografando muito bem. No momento em que percebi isso, tornei a ficar tensa e, de novo, os meus dedos se embaraçaram. O meu Eu Superior me mostrou, com grande paciência:

"Há pessoas que aprendem a datilografar com facilidade, mas você considera a tarefa invencível. O que lhe foi demonstrado é muito mais importante do que escrever à máquina ou produzir um livro: é a confiança e o conhecimento de que a parceria interior é infalível e constante. Imagine a alegria de Ginger nesses dias. Ela serviu-a bem por um bom tempo, cooperando e trabalhando com o que você lhe deu. Agora, é importante que tenha a confiança, a cooperação e o amor dela."

Finalmente, descobri que Ginger podia datilografar com facilidade quando eu não a atrapalhava. Ela aprendera onde estavam todas as letras através do meu método de "catar milho" e, instintivamente, sabia ortografia muito melhor que eu. Senti uma modificação interior da consciência e uma liberdade interior quando a minha mente e o meu corpo abandonaram-se e confiaram naquela energia que vinha de dentro e fluía através dos dedos.

Houve um passo importante no adestramento de Ginger. Antes de começar o trabalho, aprendi a expressar o meu apreço e agradecimento por sua habilidade na datilografia. Isso dá ainda mais capacidade para a ação automática.

Embora a datilografia fosse melhorando, eu continuava tendo dificuldade para escrever o livro. Com o trabalho básico e a pesquisa completados, minha orientação era clara: devia voltar para Findhorn. Mas, com todos os meus compromissos, o trabalho com o livro avultava como se fosse uma tarefa impossível. Então, tive um sonho assustador, enigmático, quase que como uma ameaça:

Eu estava em meu próprio quarto de dormir, na minha casa, mas ele havia aumentado de tamanho e o pequeno guarda-roupa se tornara um amplo vestiário. Quando eu estava revisando os escritos com a minha sobrinha-neta, Elizabeth, ouvi um som estranho que vinha da porta da entrada. Um enorme urso preto, de pé sobre as patas traseiras, dirigia-se a nós. Em pânico, precipitei-me para o vestiário, puxando Elizabeth comigo. Batemos a porta, fechando-a, e eu agarrei-me à maçaneta com mão de ferro. O urso estava farejando a porta. Passado algum tempo, tudo se aquietou e pensamos que ele tivesse ido embora. Abri cautelosamente a porta, apenas uma fresta, e imediatamente uma pata agarrou-a, escancarando-a. Ao mesmo tempo, um homem imponente, muito calmo e vestido de branco, que estava na porta por onde o urso havia entrado, atirou um minúsculo dardo no animal. E disse:

"Pode sair, agora; tudo está bem. Você vai aprender a domar esse urso e a se assenhorear dele. Quando souber como trabalhar com esse animal, dele não lhe virá mal algum. Adestre o urso apenas de manhã. Ele agora dormirá por dois dias."

Acordei aliviada e fiquei a me indagar por que um urso estaria ameaçando a minha vida. Isso era assustador e, quando tentei compreender, perguntando o que aquele sonho significava, tornei a adormecer. Na meditação matinal, enquanto escrevia, foi-me dada uma resposta clara:

"O urso é o livro que você está escrevendo; você está deixando que ele a assuste. Com ajuda, você pode se assenhorear dele e ele responderá à sua amorosa atenção. Nos próximos dois dias, estará livre para assistir a uma conferência em Londres e, depois, ir para casa. Uma vez lá, você deve escrever o livro, empregando todas as suas manhãs nesse trabalho. À tarde e nos fins de semana, você estará livre para outras atividades. Gostará desse trabalho e, enquanto o fizer, aprenderá muitíssimo."

Quando voltei a Findhorn, descobri que era relativamente fácil manter-me concentrada na escrita pela manhã e ficar vigorosamente ativa às tardes. Tudo correu bem até que o Grupo Central, um grupo de programa e coordenação central, do qual eu era membro e ao qual sempre dera prioridade, passou suas reuniões das tardes para as manhãs. Fiquei em dificuldade com as minhas prioridades e afastei-me da escrita a maior parte do tempo. Recebi advertências, na meditação, mas não fiz caso delas, prendendo-me muito mais a outras atividades. Então, os meus parceiros internos usaram um método misterioso. O relógio suíço que eu estava usando de repente começou a adiantar meia hora a cada duas horas. Mostrei-o a um conhecedor de relógios da comunidade que, dois dias depois, me disse: "Sara, quando você me deu o seu relógio, eu o acertei e ele está funcionando muito bem. Não há nada de errado com ele."

Na manhã seguinte, "R" apareceu na minha meditação e falou:

> "*O momento é AGORA! Sua prioridade* 'Uma Jornada Interior" (From the Centre). *Abandone os outros compromissos, que estão bloqueando o nosso trabalho com você. O tempo está se esgotando. Você não tem estado aberta aos nossos métodos e advertências habituais.*"

Entreguei o meu pedido de demissão ao Grupo Central e novamente dei prioridade máxima à escrita. As coisas se passaram tranqüilamente durante algum tempo, até eu começar a aceitar mais tarefas e a receber vários hóspedes em minha casa. Tendo começado, fui longe demais e o meu relógio de novo se descontrolou. Dessa vez, não tive a possibilidade de mostrá-lo a ninguém: fui duramente afastada de todas as atividades por uma pneumonia súbita. Isso me permitiu conhecer um compromisso mais profundo e aceitar mais do meu Eu Superior. Deram-me tempo para escrever, coisa que agora estava mais sob a direção da minha equipe interior. A escrita prosseguiu com firmeza, enquanto as pessoas eram inspiradas a me envolverem com uma luz protetora e a removerem os obstáculos do meu caminho. Isso tornou-se uma experiência feliz e gratificante.

Comecei a perceber uma interessante parceria no Ser de Findhorn. O Espírito de Findhorn parecia-se com o Pai Orientador, ou Eu Superior. Eileen Caddy estava vinculada a esse espírito e recebia orientação, enquanto Peter Caddy punha essa orientação em ação. Agora todos fazíamos parte da ação catalisadora, que se processava nessa família que crescia. À proporção que cada um de nós se interligava com o Eu Superior, nós nos tornávamos mais abertos para o esclarecedor Espírito de Findhorn, com os seus incríveis dons para todos os que vinham visitá-lo ou dele se tornavam membros. Nós estávamos nos preparando para nos tornarmos membros da família universal.

Naquele mês de outubro, numa conferência que trouxe pessoas de muitos países para Findhorn, tive a alegria de saudar velhos amigos e fazer novos, ouvindo oradores excelentes, apreciando a beleza da dança e da música. Juntos, pensamos nos trabalhos que nos esperavam para o futuro. Com infinito cuidado, o meu Eu Superior orientou-me a tomar parte, silenciosamente, nos bastidores, contribuindo apenas com pequenas parcelas de tempo e energia. A primeira semana foi fácil. Depois, ignorando a voz interior, decidi entregar-me completamente à segunda semana do Congresso. O meu Eu Superior, com amor e sabedoria, usou de uma armadilha de aparente inocência, para me atirar de cima de um rochedo, por assim dizer, para uma escuridão abismal. A experiência permitiu-me manter o equilíbrio, pois continuei a dar uma boa parte do meu tempo à escrita e a participar de alguns acontecimentos do Congresso.

Eu estava caminhando rapidamente para o "Universal Hall", alguns minutos antes do início de uma sessão, e levava comigo algumas coisas que deveria entregar no caminho. Estava escuro, mas as poucas luzes da rua iluminavam o caminho muito bem. Quando dobrei uma esquina, um carro fez a curva na direção oposta e eu me afastei, dando um passo no escuro, para onde parecia existir um grande espaço entre os carros estacionados. De repente, despenquei, ficando com os dois pés presos na lingüeta de um barco-*trailer* que ali estava estacionado. Durante alguns segundos, fiquei no chão, atordoada e sem saber o que fazer. As costelas, os joelhos, as mãos, o queixo, haviam sofrido impacto. Lentamente, consegui desprender os meus pés e erguer o corpo contundido. E, num lampejo, ouvi uma voz interior:

> *"Não conte a ninguém sobre o estado em que se encontra. Isso iria deprimir o espírito deles e envolvê-la em formas-pensamento negativas e, assim, atrapalhar Ginger no trabalho de curar o seu corpo."*

Tentei continuar o caminho para o "Hall" como se nada tivesse acontecido, e consegui esconder os cortes e os músculos retorcidos. Durante alguns minutos, me esqueci completamente de mim mesma ao observar um eclipse total da lua. Quando ela estava de novo brilhando, resplandecente, entrei no "Hall" e perdi-me na animação, na beleza e na alegria da noite. Quando chegou o momento de voltar para casa, um grupo de jovens, que nada sabia do meu estado, acompanhou-me. Fiquei a imaginar se poderia ter chegado em casa sem a sua energia e seu entusiasmo.

As minhas mãos estavam quase incapazes de me ajudar; quando lutei para me despir, a dor nas costelas dificultava-me a respiração. Pedi, em oração, para compreender por que aquilo havia acontecido e também pedi a cura. Foi quase impossível acomodar-me na cama, mal, mal me deitei, misericordiosamente adormeci em seguida.

O meu Eu Básico acordou-me à hora do costume. Durante alguns momentos, tentei movimentar diversas partes do meu corpo. Então, de repente, lembrei-me de que havia concordado em liderar o santuário das 7,30 daquela manhã. Se não fosse aquele compromisso, sei que não teria sido capaz de me recobrar e atender às atividades do dia. Com gemidos e arquejos, com o pulso esquerdo destroncado e muitos pontos do corpo em que mal podia tocar, tomei minha posição habitual na meditação e fiquei surpreendida ao verificar que podia segurar facilmente a caneta. O meu Instrutor Interno deixou claro que, a despeito do que pudesse acontecer, a escrita deveria continuar. E disse:

> *"Usamos essa armadilha para despertar em você a luz que você carrega, mas que não está usando."*

Só então me lembrei que, de fato, eu levava uma lanterna em minha bolsa. A lição da manhã trouxe um poder de cura que me livrou da dor nas costelas machucadas ao respirar:

> *"Use a luz interior, o ponto de encontro da energia cósmica curativa e sua força de vida básica; agradeça e aceite esse poder. Verá que a luz se conservará enquanto, em completa fé, você permanecer desperta para a sua Realidade interior. Sua atenção sobre essa luz é que irá possibilitar a cura dessas áreas que estão em desarmonia com os ritmos do padrão perfeito do seu Ser superior."*

Do centro de luz no interior do meu corpo, senti os raios curativos dirigidos para as células lesadas. Ginger estava usando essas energias, enquanto as células das bordas externas dos ferimentos e arranhões iam-se curando. Senti modificação de energia, como se eu estivesse deslizando do aro de uma roda, que girava constantemente, para o centro, onde havia imobilidade e paz.

No dia seguinte, fiz algumas radiografias. O médico pensara que havia algumas costelas quebradas e que o pulso estivesse destroncado; mas, poucos dias depois, as radiografias mostravam que não havia nada quebrado, enquanto que todas as outras machucaduras externas estavam curadas. Com incrível alívio e alegria, senti a gratidão de Ginger, não em palavras, mas pelo conhecimento de que aqueles raios curativos estariam sempre conosco, como um apoio interior que ninguém poderia tirar de nós.

Ao modificar um hábito precário, tive de dominar não apenas a minha relutância consciente como também a apreensão e a dúvida, e, às vezes, o medo que Ginger sentia ao deparar com um novo desafio. Nesse caso, é necessária uma abordagem cuidadosa porque, se Ginger cria uma resistência ou se rebela, então estamos em apuros. Há ocasiões em que sinto Ginger dizer:

"Vamos, tratemos disso!" Então, vou à frente, e, com seu total apoio, posso me livrar de alguns hábitos que me eram prejudiciais, sempre encontrando os benefícios definidos de uma melhor saúde e de um melhor uso da energia.

Ginger e eu somos boas companheiras no corpo-templo em que vivemos. Muitas vezes por dia eu manifesto a minha gratidão por ela e pelo Bem-Amado, o espírito iluminado da minha vida. Os medos e as preocupações pelo futuro dissolvem-se na segurança dessa parceria interna, quando as energias superiores engrandecem nossa vida e levam amor e alegria de cura aos que em nossa consciência estão próximos e, também, aos que estão distantes. Tempo e espaço desaparecem nessa interligação.

CAPÍTULO VI

SURPREENDIDA PELA ORIENTAÇÃO

"A orientação é o cortejar no Casamento Místico com o Eu Superior do Ser."

"A orientação é o cortejar no Casamento Místico com o Eu Superior do Ser."

Eu ouvira essas palavras num sonho, várias vezes repetidas até acordar e as escrever. A voz, então, continuou:

"Acorde e saiba que estou sempre com você; dormindo ou acordada, eu a guio. Falo com você em sonhos, na beleza e na força de vida da natureza, no silêncio; intuitivamente, eu me faço conhecido."

Sob a luz e o amor protetores do meu habitual período silencioso das manhãs, minha mão escreveu a essência do ensinamento interior e as respostas às perguntas que eu fazia antes de adormecer. Haviam-me advertido para nada dizer a esse respeito. Meses depois, fiquei surpresa e aliviada ao saber que esse tipo de auxílio é sentido por muitas pessoas. Quando comecei a compreender a "orientação", percebi que ela fazia parte da vida de todos. Através dos anos, surgem lampejos vagos do conhecimento interior, da voz interior que pede para ser ouvida por trás das agitadas atividades do dia, um certo poder interior no belo ato de cortejar a orientação, à qual cada um responde do próprio modo.

Fazendo um retrospecto, percebi que a orientação, de uma forma ou de outra, tinha sido parte importante da minha vida, embora eu não estivesse consciente disso até que os escritos a colocaram claramente em foco. Descobri que certo tipo de orientação surge sob a forma de um lampejo de conhecimento. Quando eu era jovem, uma amiga veio tomar chá comigo e trouxe uma jovem senhora, procedente da costa oeste, que me falou sobre a faculdade na qual ela viera estudar. Enquanto ela falava, fiquei sabendo que aquela também seria a minha faculdade; algo em mim, profundamente, não me deixava ter dúvidas, nem era necessário tomar uma decisão. Esse encontro, aparentemente ocasional, foi um importante passo em minha vida.

Esse tipo de orientação interior ocorreu várias vezes, quase sempre de forma inesperada. Depois de um ano de magistério numa universidade do Canadá, eu estava assistindo a um curso de recreação quando, em conversa com um dos membros das Bandeirantes nacionais, tive um lampejo de conhecimento. As coisas aconteceram tão depressa que, duas semanas depois, estava em minha nova posição, como diretora de Bandeirantes, numa cidade onde permaneci durante cinco anos. Aquele trabalho desafiador, que me dava inspiração e para o qual fui encaminhada era tão certo para mim, que nele permaneci durante trinta e sete anos. Por meio de outros passos inspirados, cega como eu era, meu Instrutor Interno impeliu-me, pelo caminho mais apropriado, à preparação necessária para o trabalho e o serviço que eu deveria oferecer ao mundo.

De início, isso foi um "desafio" ou problema, para o qual pedi auxílio e obtive resposta; mas, quando comecei, regularmente, a me manter receptiva num silencioso período matinal, energias maiores vieram proteger-me e guiar-me. Aprendi a ouvir e a pôr em prática as lições, à proporção que elas surgiam, passo a passo. Embora o meu progresso fosse penosamente lento, meus Instrutores Internos ficavam a meu lado, com grande paciência, amor e clemência. Impeliam-me suavemente, mas nunca impunham ou encorajavam coisa alguma que eu não estivesse preparada para fazer.

Nos primeiros meses, a voz orientadora era como a de um pai amoroso, sensato, ajudando e compartilhando comigo, uma filha cheia de perguntas. Sempre recebi informações verdadeiras e importantes, sem notas falsas, de forma que podia confiar completamente naquele Eu-Pai. Ele se servia de algum vasto reservatório de conhecimento, e me fornecia a medida exata daquilo que eu podia absorver. Às vezes, isso era feito em exposições claras, numa explanação ou por meio de uma analogia.

> *"Todas as respostas estão escritas no livro da natureza e você está rodeada pela evidência do Poder Supremo em ação. Um moinho de vento movido a mão seria uma tarefa impossível; entretanto, o vento enviado por Deus o faz girar com facilidade, trazendo das profundezas da terra o suprimento de água pura*

ou fornecendo energia. A orientação é o poder de Deus em ação, por seu intermédio."

Essa explicação ajudou-me a compreender o poder que agia através da minha mão quando eu ouvia a voz. Não havia nota negativa, mas os espelhos da orientação me mostravam o quanto eu estava aprendendo a segui-la, e esse reflexo se movimentava entre a alegria e a dor. As lições tinham de ser repetidas muitas vezes, enquanto eu lutava para romper a barreira dos padrões dos maus hábitos e das velhas crenças e costumes. Minhas idéias limitadoras sobre o certo e o errado também constituíam obstáculos.

Tive uma lição esclarecedora com relação aos costumes, uma noite, durante uma conversação entre um arquiteto suíço e um artista árabe. O árabe, numa declaração que, para ele, era normal, disse que estava procurando uma terceira esposa, pois o costume, lá onde ele vivia, era o de ter quatro esposas, e ele achava que podia manter uma terceira. Com profunda convicção, o suíço disse: "Ninguém deve ter mais que uma esposa."

"Não é justo" – disse o artista árabe – "impor uma tal carga sobre uma só mulher. Quando elas dividem o trabalho é melhor".

A discussão continuou, cada um justificando aquilo em que acreditava, com surpreendente clareza e muito bom senso. Percebi, então, o que os meus Instrutores Internos haviam tentado dizer quando falaram que os costumes e as crenças eram conceitos móveis, para atender às necessidades das épocas ou dos povos. Pensei em Colombo, tentando convencer as pessoas de que o mundo não era plano, e me perguntei onde teriam ido buscar essa crença.

Desde a primeira experiência de meditação, a "escrita" das lições continuou a passo firme e trouxe para o meu cotidiano orientação e respostas simples, que eu podia compreender. As instruções pareciam muito fáceis, na meditação, na presença do Instrutor Interno, que me encorajava com serenidade:

"A hora silenciosa, com a sua orientação todos os dias, irá tornar-se o momento mais vital, mais criativo e deleitoso da sua vida, aumentando de muito a eficiência de todas as suas atividades. A essa altura das suas lições, o importante é a experiência e não o que está no papel. À medida que a mão escreve, a força a

elevará. Você é guiada, guardada e amada... Entregue-se inteiramente e tudo o que for necessário estará à sua disposição. Não há limites que você possa imaginar, nessa experiência... Caminhe tranqüilamente nessa nova trilha, segurando com firmeza a mão do seu Guia, cuja radiância é brilhante demais para que possa vê-lo, mas você o conhece. Esses dois mundos são uma parte do plano."

Em meus dois mundos, tive a radiosa experiência de estar numa classe, ouvindo a bela voz, bem no fundo de mim, revelando novas áreas de conhecimento; ao mesmo tempo, estava consciente da mão que escrevia no plano físico. Senti que eu era uma parte vital de ambos. Eu estava certa de que aquelas coisas haviam sido ditas muitas vezes antes. Como pudera deixá-las passar, e qual fora o obstáculo que me impedira de colocá-las em ação? Embora tivesse certa dificuldade para aceitar isso, aprendi, através das lições, que fora eu mesma quem se colocara diretamente no caminho. Belas, benéficas, até mesmo mágicas chaves me tinham sido apresentadas durante todos aqueles anos, mas eu não encontrara as fechaduras correspondentes. A essa altura, o Instrutor Interno disse:

"Você encontra as fechaduras quando está pronta para atender e ouvir o que os outros têm para dividir com você. Em algum lugar, um dia, você ouvirá ou lerá exatamente a palavra que vai lhe desvendar o segredo do cofre interior, que poderá abrir, para lá encontrar o seu tesouro maior."

Para mim, o segredo foi a orientação por meio da voz e da palavra escrita. Foram grandes os tesouros, e eu descobri que, de uma ou de outra forma, eles me eram dados para que os compartilhasse com os demais, na vida e na experiência, dia a dia, mais do que através das palavras recebidas.

Como chegar ao cofre e qual será o seu segredo? Assim como os outros compartilharam comigo, ajudando-me pessoalmente, assim também espero ser de auxílio para os outros, de forma que a fechadura do cofre interior lhes possa ser revelada e o segredo certo lhes seja oferecido pelo seu amoroso e confiável Instrutor Interno. Minha própria abordagem aos tesouros da orientação variou através dos anos, pois alcancei diferentes planos e a percepção interior cresceu. Nos primeiros dias, foi-me dado este auxílio:

"Na luz da fé, envolta por nosso amor, na meditação ou nos momentos de calma, deixe que a sua atenção seja focalizada inteiramente na radiância do plano divino ou na verdade do seu Ser. Então, tudo o que você ver, ouvir ou sentir será liberado na presença protetora do seu Eu Superior. Nessa fé, os corpos inferiores são libertados pela ação sincrônica de ouvir os ritmos superiores e com eles se harmonizar. Essa é a liberdade que abre o caminho para a comunhão com os Instrutores Internos."

Na liberdade daquela hora habitual, que a cada manhã me era dada com alegria e livre das pressões externas, aprendi a apanhar a navete da meditação e deixar que ela atravessasse livremente a trama da criatividade. Então, o fio da orientação do dia podia ser tecido e surgia a parte seguinte do plano divino. Freqüentemente, a parte a ser tecida não é mais importante, mas, de vez em quando, aparece uma parte importante do padrão e é dado um passo maior. Houve experiências belas, desafiadoras e reveladoras, às vezes durante a aula de meditação, quase sempre tão vívidas quanto um sonho. Certa manhã, senti a estranha sensação de que, se a minha mão não estivesse escrevendo, toda a experiência seria mais completa. O Instrutor Interno captou o meu pensamento e colocou-me, amorosa mas firmemente, em meu lugar:

"É o poder que passa pela sua mão que a conserva em meditação. Sem isso, não haveria experiência. Estando apenas levemente consciente da escrita, você pode perder um pouco do ponto máximo da experiência, mas a mensagem está sendo posta em forma de escrita para você e para outros que dela precisarão. O entusiasmo pelo trabalho é maior quando sua atenção é mantida. Permitimos isso para que, segundo a natureza humana, você possa ter idéia da sua importância e continuar com uma dedicação maior. As horas que você tem passado conosco, trabalhando nessa dimensão, lhe trazem, agora, uma compreensão melhor do que aprenderá a fazer. Você sente em seu coração uma onda de poder que abrirá o caminho para o seu trabalho."

Em nossas vidas, o belo e intuitivo Ritmo da Orientação nos é ocultado pelo mundo das nossas ocupações. Quando crianças, quase todos nós usamos esse Ritmo e algumas crianças são muito conscientes dos seus parceiros internos. Em nossa cultura ocidental, a vida das crianças é de tal forma repleta de atividades e condicionamentos que a arte da escrita interior se perde.

Nossos Eus Superiores e nossos Eus Básicos, em parceria interior, estão sempre tentando contato conosco e despertando nossa mente consciente da forma que lhes permitimos. Eles utilizam uma questão em nossa mente, uma prece, uma harmonização, para guiar nossos passos e decisões. Sua alegria é grande quando lhes damos a oportunidade de guiar as nossas vidas, de maneira mais total, por meio dos lampejos de conhecimento, sugestões, momentos receptivos, quando se toma uma decisão ou através dos sonhos.

De início, eu aceitava melhor os sonhos e os compreendia com mais facilidade do que a outras formas de ensinamento interior. Através de sonhos, o caminho ia sendo paulatinamente aberto para que eu reconhecesse, aceitasse e confiasse em meus Instrutores Internos. Só quando teve início a escrita da meditação é que tive consciência de que os sonhos tinham um propósito especial. Quando me conscientizei dos meus sonhos, compreendi que neles trabalham um poder criativo, que dentro de todas as pessoas existe o Reino do poder e a glória dos seus Eus Superiores.

Descobri que os sonhos tinham vários propósitos. Às vezes, eram para confirmar as lições interiores; outras vezes, para chamar à minha atenção coisas que precisavam ser esclarecidas em minha vida, ou bloqueios mentais que a minha mente ativa não era capaz de enfrentar. No sono, minha mente estava relaxada e esses obstáculos podiam ser trazidos à tona tratados mais facilmente. Alguns sonhos me remeteram para áreas novas e de total aprendizado; outros confirmaram a realidade daquilo que estava acontecendo.

Sonhos do passado começaram a vir à superfície da minha mente. Mesmo agora, é raro eu me recordar de um sonho até que uma sugestão mental na escrita da meditação o traga de volta à lembrança, trazendo com ele o seu propósito e significação. Uma das primeiras escritas sobre sonhos dizia:

"Você pergunta se está sonhando mais agora do que antes. Só

agora, ao tornar-se consciente da sua atividade durante a noite, da mesma forma que está mais consciente de você mesma nas horas de vigília. Os sonhos não diminuem o efeito revigorador do seu sono, porque você realmente precisa de menos sono, à proporção que vai avançando no seu caminho. Mesmo agora, você sabe que uns poucos minutos de relaxamento podem fazer maravilhas para revigorar o corpo, a mente e a alma.

Às vezes, os sonhos me acordavam exatamente na hora estabelecida a cada dia. À proporção que crescia o trabalho a ser realizado, a hora de levantar foi fixada para às 4,30 da manhã, diariamente. Em geral, eu acordava de repente, mas, quando dormira pouco, era quase sempre um sonho que me despertava. Às vezes, era uma campainha que tocava ou o final vigoroso de um sonho que havia posto em ação o meu mecanismo de vigília. No fim de um desses sonhos, eu não encontrava lugar para dormir em minha casa ao voltar de uma viagem. No momento que os ponteiros do relógio marcaram cinco horas, fui acordada.

Alguns sonhos me deixavam frustrada; outros eram úteis ou práticos e traziam resultados imediatos. No meu trabalho, na oficina de cerâmica de Findhorn, eu vinha passando por um período difícil e tinha dificuldade para ser criativa. Na curta experiência que tive com o trabalho de argila, muitas vezes havia seguido modelos já estabelecidos ou rematara as peças torneadas por um ceramista. O ceramista de Findhorn sabia que eu precisava vencer essas dificuldades e libertar a minha própria energia criativa, portanto não torneava as peças para mim. Frustrada, pedi auxílio, em oração, e tive este sonho:

> Eu estava numa escola de equitação, em companhia de outras pessoas, aprendendo a arte de cavalgar. Cada estudante montava dois cavalos em volta de uma arena, equilibrando-se com um pé sobre cada um dos cavalos. Na terceira volta, foi colocada uma barreira baixa para separar os cavalos. O cavaleiro teria de passar para um só cavalo, enquanto conduzia ambos para saltarem a barreira e, a seguir, retomar a posição sobre os dois animais. Evidentemente, havíamos aprendido a lidar com os animais de modo muito correto, e isso parecia fácil. Quando chegou a minha vez, eu não conseguia decidir sobre qual dos cavalos

me manter ao nos aproximarmos da barreira. Essa dificuldade vinha do fato de ter ficado ressentida com a moça que saltara antes de mim e que conseguira manter-se facilmente sobre o animal que estava à sua direita. Eu sabia que deveria fazer a mesma coisa, mas não queria imitar o que ela fizera. Tarde demais, resolvi me manter sobre o cavalo que ia à minha direita e o resultado é que fui atirada para longe. O instrutor repreendeu-me duramente, dizendo: "Tudo o que fizer na vida faça de modo integral! Quando a sua mente hesita, a sua energia é dividida. A falta de um propósito claro, ou o uso negativo da energia pelo ressentimento ou pela cólera, resultam em perturbação, acidentes ou doenças. Volte a montar, e CAVALGUE!"

No dia em que tive esse sonho, eu havia chegado ao ponto em que sentia que devia abandonar o trabalho com argila. Sabia que estivera bloqueando o fluxo de energia com pressão interior e frustração, o que resultara em pouco trabalho. Desesperada, voltei para a oficina na hora do almoço, quando ninguém estava lá. Ajoelhei-me na minha banqueta de trabalho e pedi auxílio. Alguns minutos depois, sentindo uma força movimentar os meus braços, levantei-me, apanhei um instrumento e marquei com vigor um desenho sobre um pedaço de argila que havia preparado naquela manhã. Quatro peças irregulares, naquela ocasião, não me pareceram ter qualquer sentido. Então, uma voz interior disse:

"Agora, corte essas peças e faça duplicatas."

Fiz isso e, depois, observei minhas mãos tomarem as peças de argila e formarem com elas uma lanterna, sendo cada peça e ângulo um suporte exato para as demais. Quando estendi a mão para as outras peças, a voz disse:

"Primeiro faça um modelo da sua criação, depois faça doze lanternas."

Então, entendi por que havia preparado camadas e mais camadas de argila, naquela manhã, pensando que estava fazendo aquilo apenas porque não conseguia fazer outra coisa. Em poucos dias, as lanternas tinham a consistência do couro, e foram colocadas no aparador para uma secagem lenta, e eu esculpi e decorei cada uma delas com um desenho diferente e um orifício para a vela. Como fiquei feliz com esse sonho, pois voltara para o meu cavalo (a argila) e estava cavalgando de verdade em direção a minha energia criativa com um propósito único.

Os sonhos, com muita freqüência, apresentavam oposições ou efeitos de luz ou de amor na escuridão.

> Num dos sonhos, eu caminhava por uma rua deserta entre edifícios antigos, quando surgiu de uma esquina a figura ameaçadora de um homem. Enquanto ele se aproximava, eu me senti indefesa e, então, vi o Iluminado, que eu havia contemplado numa visão, aparecer junto a mim. Tive a percepção, tanto da extrema escuridão como da extrema luz, e senti um amor poderoso por parte do Iluminado, e esse amor fluía através de mim, penetrando no centro daquele ser sombrio, o que causou uma agitação em toda a estrutura atômica do seu corpo. Súbito, tive a impressão de que, em algum lugar dentro de si, aquele homem procurava algum propósito e luz. Parecia sentir a luz, e a sua alegria ao encontrá-la dentro de si mesmo formou em torno dele uma aura que foi ficando mais brilhante.

Acordei, sentindo um ponto de tensão no centro do corpo, como conseqüência do sonho. Mais tarde, quando em meditação, o Instrutor Interno explicou:

> *"Você novamente está se identificando. Os velhos padrões de medo e de preocupação por sua segurança estão abalando você. Você deve abrir completamente o caminho para que a luz e o amor possam entrar e protegê-la.*

Em minha oração simples de toda noite, antes de adormecer, sempre me envolvo em luz e amor, que envio para a grande família humana deste planeta. Durmo profundamente e é muito raro ter consciência de algum sonho em que me sinta tomada de medo ou pânico. O sonho seguinte parecia quase uma prova, e também foi uma mais profunda compreensão do que as outras pessoas estavam passando:

> Eu era criança e estava brincando no amplo sótão da nossa casa. Ouvira passos de alguém subindo as escadas. Era uma jovem alta e de cabelos escuros. Ela parecia estranha e ameaçadora, e começou a dar-me ordens. De repente, senti que ela ia me maltratar; então, atravessei o sótão correndo e desci as escadas. O medo apertava o meu coração enquanto ela me perseguia. No segundo lance de escadas, eu corri, mal tocando os degraus, e atravessei a cozinha, onde minha mãe estava preparando uma refeição. Em pânico, corri para fora, pulei para dentro de um carro que estava ali perto e fechei a porta. Quando me acalmei, compreendi que havia deixado minha mãe desprotegida. Um momento depois, ganhei coragem e resolvi ir ter com ela. Encontrei-a na cozinha, conversando com a moça, que estava calma e amistosa. Minha mãe, com a sua fé e o seu amor, não só ficara completamente protegida, como havia despertado o espírito amistoso da jovem. E eu vi que podia, facilmente, juntar-me à conversação.

Uma presença amável, de amorosa atenção, encheu a meditação da manhã e a voz disse:

> *"Você sente uma radiância vinda de dentro; as luzes, em todas as partes do seu corpo, são centelhas do Nosso Amor que se movimentam através de você e ao qual você corresponde. Você está consciente da realidade do Nosso Ser, que reside no templo do corpo."*

Certa manhã, tive um sonho incomum, que continha uma advertência.

> O nosso Grupo Central estava fazendo uma agradável refeição numa casa grande. Depois disso, a maioria de nós foi para a cozinha para lavar a louça; quando por um instante olhei para fora vi, para minha surpresa, duas belas faixas de um verde brilhante, presas à terra e se estendendo para o céu, onde desapa-

reciam. Eram como o fio de um papagaio, porém tinham três polegadas de largura e subiam retas. Eu estava de pé junto a uma pequena pia lateral, enxugando os últimos talheres, quando alguém chegou por trás, agarrou-me a garganta e pôs-se a apertá-la, sufocando-me. Consegui voltar-me o suficiente para ver que se tratava de um membro do Grupo e, estupefata, gritei o seu nome. Imediatamente, a mulher largou-me e pareceu surpresa. Quando lhe perguntei o que acontecia, ela me disse que tinha uma pequena tela de televisão dependurada no teto da cozinha e, ao olhar para a tela, sentiu-se compelida a fazer o mesmo que ali se passava. Olhei para cima, mas ela cobriu-me os olhos e disse: "Não se deixe apanhar nessa armadilha." Então, puxou-me para fora e vimos faixas de diferentes e lindas cores subindo para o céu, além do alcance da nossa visão. Subitamente, compreendi que mãos invisíveis estavam amarrando brilhantes faixas azuis às nossas cinturas. Mal refeita da recente experiência, uma sensação de pânico tomou conta de mim e, com uma faca de prata na mão, comecei a cortar as faixas. Ao fazer isso, deixei cair a faca e as faixas voltaram a ser atadas. Antes que percebesse o que estava acontecendo, nós duas estávamos sendo levadas rapidamente para o céu por uma espécie de tapete mágico. Foi uma coisa maravilhosa e ficamos completamente à vontade, observando a terra com interesse até ela quase desaparecer. Havíamos chegado a uma espécie de teto e, nessa barreira como que feita de nuvens, havia vários orifícios grandes, e muito redondos, através dos quais a luz fluía. Olhei em torno, fascinada e, então, descobri que a mulher que estava comigo havia desaparecido subindo por um daqueles orifícios. Quando me aproximei de outro e comecei a subir através dele, dois homens fortes, que pertenciam ao Grupo, estenderam-me a mão e ajudaram-me a chegar ao ponto de onde provinha a luz. Nesse momento, acordei.

Naquela manhã, fui à reunião do Grupo Central e contei que sonhara com o grupo. Quando a reunião estava pela metade, o Coordenador voltou-se para mim, e perguntou: "Sara, como foi o seu sonho?"

Nem a mulher, nem os homens do sonho estavam presentes, e eu contei o que se passara, tal como recordava. Mais tarde, um dos homens do sonho chegou e veio sentar-se a meu lado. Terminamos a nossa reunião em silenciosa harmonia, de mãos dadas, unindo todo o grupo em círculo, à volta da mesa. Ao fim da sintonização, dei-me conta de que os homens que estavam me dando as mãos eram os mesmos do sonho e encontravam-se na mesma posição. Isso deu ênfase ao sonho, que eu ainda não compreendia.

Na manhã seguinte, a mulher do sonho aproximou-se de mim, no almoço, e disse: "Ouvi dizer que participei de um de seus sonhos."

Sentamo-nos para almoçar juntas e, quando lhe contei os pormenores do sonho, ela logo teve as respostas. Explicou-me que fora a única pessoa do Grupo Central presente a um curso de duas semanas realizado por alguém que não pertencia à comunidade. E disse: "Seu sonho ocorreu na noite seguinte àquela em que havíamos liberado os impulsos negativos e os demônios internos, para nos libertar. Eu andei agarrando as pessoas e tentando derrubá-las. Chamei por Jesus e me mantive continuamente na luz durante o curso, mas algumas pessoas não tinham um núcleo estável para onde se voltar." Eu acabava de voltar de uma excursão de três semanas e não sabia desse curso. A advertência do sonho era clara. Compreendi que, embora a comunidade fosse hábil o bastante para lidar com o que quer que fosse, temos de ser cuidadosos com a seleção dos cursos que oferecemos. Logo depois desse caso, três pessoas que possuíam conhecimentos especiais, voltaram a Findhorn para dar seminários que foram assistidos por muitos membros da comunidade. Como tomei parte num deles, compreendi que aqueles eram os belos círculos de luz no teto do meu sonho.

A cada manhã, quando acordava, eu ia até a janela que dava para a base aérea e, de modo simbólico, pelo movimento mutável das luzes, aprendi muitas lições.

> Uma noite, tive um sonho em que uma das luzes mais elevadas do aeroporto estava faltando. Aquilo representava para mim a Vontade divina com o seu modelo para a minha vida. Senti falta de alguma coisa e uma certa desolação. Então, no sonho, um pequeno pássaro marrom apareceu para me consolar e para me dizer que era a minha percepção que estava faltando. Depois de algum tempo, o pequeno pássaro disse que, como eu fora fiel às minhas lições, brevemente um pássaro maior viria ao meu encontro.

Ao acordar, fui até a janela, como de costume, e o meu coração quase parou. Embora todas as luzes estivessem acesas, como de hábito, a luz mais alta não estava. Em minha silenciosa meditação, quando por fim me acalmei, vi que um pássaro belo e grande estava no lugar onde o pequeno pássaro do meu sonho havia estado. Falando comigo, disse-me que era o Pássaro de Ouro da Percepção. Suas grandes asas de Luz e o seu coração de Amor fizeram-me sentir que eu era parte da sua radiante energia curativa. A branca luz do Iluminado desceu ao encontro da Luz do grande pássaro e uma voz suave disse:

"O fato de você ter visto em seu sonho que estava faltando uma luz na base aérea e depois ter constatado isso com seus próprios olhos é uma confirmação da fusão das dimensões. O segredo da vida, na Nova Era, é simbolizado por esse Pássaro de Ouro da Percepção.

Com o aumento da percepção, vi que os ritmos espirituais do meu Eu Superior eram verdadeiros e claros, mesmo nas coisas pequenas. Por que eu os havia recusado com a minha incredulidade? Vi que eu os havia truncado, apegando-me às minhas "ilusões".

Na manhã seguinte, fui acordada às quatro horas, e me senti atraída para a janela larga do meu quarto de dormir. Sobre as dunas, o céu estava repleto de belas nuvens que se moviam com rapidez. Através delas, vi a lua deslocar-se velozmente pelo céu e, por um momento, fiquei a observá-la, fascinada. Então, minhas mãos agarraram-se ao parapeito da janela, enquanto a ilusão se abatia sobre mim. Por mais que tentasse, não pude ver a lua parada e as nuvens passando por ela. Eu sabia que só as nuvens estavam se movimentando, mas a ilusão de ótica simplesmente me prendia ao seu fascínio. Finalmente, fechei os olhos e pedi auxílio para ver a verdade. Quando tornei a olhar, as nuvens haviam-se separado por um momento e a lua encontrava-se imóvel e clara no azul profundo do céu.

Minhas mãos estavam brancas pelo esforço de se agarrarem ao peitoril da janela, quando eu tentara romper a ilusão. Compreendi o quanto era difícil abandonar a ilusão, mesmo quando a verdade, oculta na experiência, está aí, diante dos nossos olhos. As nuvens começaram a mover-se de novo, rapidamente, mas desta vez a lua se manteve parada.

Houve outra ilusão que eu não consegui romper, embora se repetisse muitas e muitas vezes. Era como se a lua estivesse correndo através do céu da minha experiência na vida. Subitamente, estas palavras quebraram o silêncio através da ilusão:

> *"Você está criando todo o tempo, através de cada PENSAMENTO, PALAVRA e REAÇÃO! Deixe-nos ajudá-la a fazer essa lua, essa energia criativa, parar o tempo suficiente para que você possa olhar para ela."*

Então, pela primeira vez, como se para concentrar ainda mais a minha atenção, o que escrevi veio em versos:

"Expression of a thought becomes
revealed creation, Light or dark,
drawing to you its counterpart.
Create with faith, love and light
leaving all negative thoughts to blight
without the soil in which to grow.
From deep within your conscious mind,
no longer slave to lack or fate,
with inner Partnership now be
Master of all that you create."

["A expressão de um pensamento torna-se
criação revelada, Luz ou treva;
trazendo até você sua equivalência.
Crie com fé, amor e luz,
deixando todos os pensamentos negativos murcharem,
sem solo onde possam crescer.
Bem dentro da sua mente consciente,
não mais escrava da carência ou do fado,
seja agora, com a Parceria Interna,
O Senhor de tudo o que criar."]

Bem cedo, certa manhã de inverno, afastei uma cortina para olhar para fora, para o magnificente desenho das luzes coloridas da base aérea. Tive uma espécie diferente de ilusão, pois me vi olhando fixamente para a luz mais alta, uma luz poderosa, muito branca. Enquanto olhava, todas as outras luzes coloridas desbotaram, fazendo-se minúsculos pontos de luz branca. Fascinada, fechei os olhos. Quando os reabri, vi tudo da mesma maneira. Fiz isso várias vezes, permanecendo na total ilusão sempre que olhava. Mais tarde, na hora da quietude, a escrita revelou o seguinte:

> *"Quando olhar para o centro da luz branca, o positivo da vida, verá essa mesma luz branca no centro de todas as coisas negativas que lhe chamarem a atenção. Quando olhar com integridade, com os ritmos superiores do seu Ser, nada há que possa colocar-se no seu caminho e você verá as coisas em perspectiva."*

Toda manhã os meus parceiros internos cooperam para me tornar consciente de tudo o que venha atender à maior necessidade do momento. Habitualmente, sou envolvida em luz, com inteira e imediata atenção; mas, quando é necessário auxílio para liberar as tensões, recebo orientação.

> *"Lá fora há rajadas e turbilhões de ventos chicoteando as dunas; contudo você está aquecida e protegida no seu quarto com janelas. Também na mente humana há rajadas em torvelinho. Chamamos agora a sua atenção para a gloriosa paz, para o calor e o amor que estão por trás da janela da sua alma. Exulte com isso e reúna-se a nós para liberar a luz sobre o torvelinho da sua mente, e que isso se reflita sobre todas as mentes, trazendo ao planeta maior paz e conscientização. Na nossa comunhão, você está protegida contra o turbilhão humano. É aqui, na hora da meditação, que o trabalho criativo nasce; aqui são dadas respostas às perguntas que surgem em sua vida."*

Certo dia, numa reunião de grupo, estávamos falando sobre o desenvolvimento da mente humana na orientação e até que ponto os pensamentos e emoções podem colorir o que acontece nesse processo. Na manhã seguinte, o meu Instrutor Interno captou a indagação da minha mente:

> *"Há uma prova segura, para saber se você libertou os pensamentos e desejos do corpo mental inferior e voltou a sua atenção inteira-*

mente para o Instrutor que está no seu interior. O Eu Superior está de tal forma sintonizado com a linha divina de Luz, e tão interligado, que se a orientação provir da Fonte Superior, jamais haverá conflito. Essa orientação é sempre para o melhor e para o bem definitivo de todos aqueles a que se refere."

Freqüentemente, a orientação vem a mim sob a forma de belas palavras, que falam das mutações mentais e emocionais, mas ela também pode ser muito direta e prática. Pode transformar a maneira de viver de alguém, como fez comigo quando me disseram que cortasse todas as amarras e deixasse a Suíça. Naquela ocasião, "R", o meu Anjo da Guarda, disse:

"Você sabe quanto o seu Eu Superior precisa da sua cooperação e quanto é importante você gozar de liberdade para ir aos lugares onde possa realizar melhor o trabalho para o qual está sendo preparada. O fluxo criativo se estabelece através da harmonia e júbilo que provêm das fontes da vida interior, onde quer que você esteja. Isso abre o caminho para as nossas energias e a nossa orientação, com uma circulação de energia sempre ativa. Você está aprendendo a abandonar os hábitos de uma existência e, ao mesmo tempo, suas maneiras obstinadas e egoístas. As coisas estão se movimentando mais depressa, com maior interação, à proporção que surge a aurora de uma Nova Era."

Quando me entreguei àquela orientação, ela realmente abriu para mim uma nova forma de vida.

O maior dos Instrutores Internos, na minha meditação, me era conhecido como "C", o ponto mais alto do ARCO de Luz que guiava a minha vida. Na Suíça, recebi a maior parte de minhas lições. Ele levou-me a uma cooperação maior com a minha parceria interna e inspirou-me entusiasmo para seguir as normas apontadas pelas minhas lições. Certa manhã, eu estava trabalhando com Ele, quando "R", o meu Anjo da Guarda, disse:

"'C' não está apenas em comunhão com aqueles que a guardam e guiam, mas vem como um Raio do grande Sol Central, para ensiná-la. Ele espera o seu despertar, de forma que os seus ensina-

mentos possam guiá-la em sua caminhada. Como Mestre do Planeta, onde quer que ele apareça, e seja qual for o nome pelo qual é conhecido, Ele a todos rodeia com o seu amoroso cuidado. Quando você ouviu a Sua voz, como um gongo soando dentro do seu Ser, soube que algo iria se modificar. O fio da orientação que se iniciou naquele momento tem sido forte e claro. O trabalho interior está sendo feito à proporção que você deixa que a sua compreensão e a sua fé passem para esferas superiores. Quando, esta manhã, você rezou para se tornar um sólido veículo para o Nosso Trabalho, mostrou que reconhece o Nosso Plano. Através do estudo, a sua mente humana apoiará o seu desenvolvimento interior."

Nos grupos e *workshops* que eu estava freqüentando, as lições estavam ligadas à minha experiência de vida, confirmando os ensinamentos interiores e desafiando a minha atuação diária. "C" continuava me trazendo sempre experiências novas.

"Você está no limiar de uma nova porta que se vai abrir. Mantenha-se firme enquanto as coisas se desenvolvem e fique preparada para tudo o que vier. Ao se entregar inteiramente ao Meu Trabalho, você jamais se cansará da tarefa, quando observar o que está sendo feito por seu intermédio. Sempre que se voltar para o seu centro interior de Luz, o seu poder passará através de você com motivos nítidos, relacionamentos de apoio e um aprendizado verdadeiro."

Na manhã seguinte, eu me senti dominando ondas de energia e capacitada para me movimentar sem limites, quando entrei em meu corpo com a força da vida e encontrei luz em cada célula, embora algumas delas precisassem de tratamento. A expansão dessa experiência foi a mais positiva que eu já tivera. A voz interior disse:

"Todas as peças do quebra-cabeças estão aí; não falta nenhuma. O quadro possui grande beleza e você jamais o deixará até que esteja completo.

"Nada mais trará um verdadeiro desafio ou interesse para

você. Nada há de passivo no poder e no trabalho a ser feito. No vigor deste confronto, eu espero o mesmo vigor de você."

Por causa da minha tempestuosa independência e forte apego à minha própria importância, motivei alguns momentos de turbulência durante aquelas lições com "C". De início, ele tornou claro que, enquanto eu não pudesse ouvir com firmeza e total atenção e não estivesse disposta a modificar os padrões da minha vida, suas lições pouco valor teriam para mim. Assim que tentei cooperar, suas energias vieram, poderosamente, para me auxiliar e, com a sua compaixão e amorosa direção, pude abrir aos poucos o caminho para a Luz da sua Fé e sabedoria.

Depois de várias semanas de trabalho com aquele grande Instrutor Interno, comecei a confiar, aceitando o que se passava no meu coração, na minha mente e na minha vida. E o resultado disso foi um relacionamento mais fácil com as pessoas que me rodeavam. Ele disse:

"Em comunhão comigo, fique consciente do Eu Superior de cada pessoa que encontrar. Veja, além das aparências, a luz que está dentro de cada um."

A resposta às minhas tentativas de ver essa encantadora luz interior foi real e convincente. Minhas primeiras tentativas nesse sentido foram feitas numa pequena aldeia suíça onde, nessa época eu vivia, trouxeram resultados extraordinários. Eu estava esperando um trem e me dirigi à pequena sala de espera onde já estavam algumas pessoas. Sozinha, envolvida por uma nuvem escura, estava uma velhinha, que todos evitavam por causa de sua língua ferina e das suas energias negativas. Súbito, a lição da manhã me veio à mente. Pus de lado os medos e precauções habituais e, cruzando a sala, sentei-me ao seu lado. O Amor radiante que fluía de todo o meu Ser a envolveu. Finalmente, quando ousei encará-la, percebi uma expressão de surpresa no seu rosto. Fiz-lhe uma pergunta, no meu precário francês. Não sei o que disse, mas alguma palavra mal-empregada deve ter tido uma significação cômica. A mulher desatou a rir e começou a falar devagar, para que eu pudesse entender.

Um momento depois, percebi um certo ar de incredulidade no rosto dos demais. Jamais tinham visto aquela mulher rir ou conversar amistosamente. Sentei-me ao lado dela, no trem, até chegarmos à cidade. Conseguimos compartilhar de alguns pensamentos, apesar do meu limitado francês e da sua nula compreensão do inglês. Depois disso, ela sorria toda vez que nos encontrávamos. Tínhamos dado, uma à outra, dádivas inestimáveis de confirmação e libertação.

Dia após dia, surgiram as confirmações das minhas lições interiores. Passei alguns dias com uma amiga e, na primeira hora tranqüila do início da manhã, a "escrita" declarou:

"Você passou do ponto de onde não há retorno."

Não houve explicação. Tentei recordar se havia acontecido algo em um sonho, mas nada me fornecia uma pista. Algumas horas depois, uma amiga ofereceu-me um folheto, dizendo: "Talvez você goste de ler isto. Foi impresso na Califórnia. Mais tarde, sozinha no carro, abri o livro ao acaso e, ali, diante de mim, estavam as palavras "O Ponto sem Retorno". Resumidamente, o artigo dizia que, pelas poderosas energias da Era do Aquário, todas as pessoas estão sendo elevadas ou empurradas na direção que têm diante de si. Eu soube, então, por que estava sendo ajudada a seguir a luz e que, tendo passado o ponto sem retorno, jamais olharia para trás. Compreendi que aquele artigo não teria tido tanta significação para mim se o meu Instrutor Interno não tivesse chamado a minha atenção, no seu modo incomparável. Senti a confirmação de uma nova liberdade.

A minha vida e o meu trabalho se fortaleceram, enriquecidos e esclarecidos através do ensinamento interior e da escrita, uma pequena parte da qual está neste livro. Fiquei sabendo que a orientação pode ser suave, mas também pode se mostrar como um poderoso impacto. Às vezes chega a ser frustrante, do mesmo modo como quando resisto a uma mudança. Depois de me apegar, durante quase dois anos, à minha necessidade de controlar tudo quanto me acontecia, comecei a libertar mais as minhas mãos para a datilografia. Nesse ponto, o meu Instrutor Interno disse:

"A datilografia não é importante."

Minha mente entrou em pane: dois anos gastos em luta, tentando atravessar um obstáculo, dia após dia. A minha reação bloqueou completamente a significação daquelas palavras. Quando me acalmei, a voz continuou:

"A datilografia não é importante, é apenas um instrumento para ajudá-la na libertação e para ver o resultado do vínculo com os seus parceiros internos. É a liberdade sentida por um músico ou um dançarino depois de longos períodos de prática. É a entrega, como na prece ou na meditação, clareando o caminho para que as suas energias superiores fluam através de você. A chave para uma vida perfeita está na integração total do Ser da pessoa, cada parte apoiando as demais, dando à tapeçaria da vida vitalidade, beleza e significação.

Minha orientação ajudou-me antes da ida a um dentista, coisa que eu temia. Na noite anterior, tive o impulso de pedir ajuda e, na hora silenciosa da meditação matinal, veio a resposta, que era simples:

"É só a sua resistência que está causando desconforto, tensão e dor."

Fui guiada a abrir o livro que estava sobre a mesa de cabeceira e encontrei a indicação de que o cálcio, preparado com vitamina C, era um tranqüilizante natural. Tomei ambos e, depois, senti que devia passar sem a anestesia e tentar meditar na cadeira do dentista. Tudo funcionou tão bem, quando senti o amor protetor do meu Eu Superior e a calma aceitação do meu Eu Básico, que uma luz encheu meu corpo e rodeou também o dentista, para grande surpresa dele. Vi que podia usar o zumbido da broca para aumentar a energia interior e criar mais luz. Quando o trabalho ficou pronto, o dentista olhou para mim e disse: "Tudo foi rápido e saiu bem. A senhora é uma paciente muito pouco comum."

Isso me trouxe a convicção de que não é aquilo que experimentamos que é difícil, mas, sim, a resistência que opomos às coisas.

Certa manhã, surgiu um novo impulso, quase uma pressão. Sem saber o que ia acontecer, tive a impressão de que ocorreriam mudanças. "C" fez uma recapitulação de várias lições, dizendo:

"Ouça a onda do silêncio, procure a Luz interior.

Repouse, e absorva uma parte do poder que passa pela sua consciência."

"Torne-se ciente de que qualquer parte dessa imensidão é sua, quando dela necessitar em sua viagem espiritual."

"Mantenha-se aberta para o dar e o receber na graças de Deus, porque aí está o poder de uma lei espiritual natural."

Eu havia me tornado mais segura na minha meditação e na minha vida, mas ainda me apegava a esse Instrutor Bem-Amado, que preparara o caminho para a transformação. Agora, com grande amor e sabedoria, Ele trouxe o meu Anjo da Guarda à minha percepção. Foi uma experiência inesquecível, de luz radiante, quando "C" e "R" apareceram juntos na minha meditação. Eu estava ciente da segurança e do sentimento de grande amor com o qual "C" me envolvera, ao assegurar-me que estaria sempre em meu ARCO de Luz. Então, "R" saudou-me delicadamente, dizendo:

"Eu estou sempre com você, no laço íntimo que foi estabelecido há muito tempo. Você me conhece tal como me viu na visão que lhe foi dada a fim de que fosse preparado o caminho para que você me reconhecesse e aceitasse a minha orientação. Quando, em confiança, trabalharmos juntos, você abandonará a hesitação e as dúvidas da sua mente. Então, poderemos nos movimentar com maior facilidade, quando você se der mais abertamente ao trabalho que nós a inspiramos a fazer. Você está sempre sob a nossa proteção, o nosso amor e a nossa luz."

Enquanto ele falava, senti a sua proteção e o seu amor, e não percebi que "C" se afastara silenciosamente. Logo descobri que aquele Instrutor era ao mesmo tempo um conselheiro rigoroso e um amigo caloroso, no qual podia confiar inteiramente em todas as ocasiões. Ele mostrava-se absolutamente prático ao atender as minhas necessidades e explicar os meus compromissos.

"O propósito das suas lições interiores não é o de que você seja pessoalmente enaltecida ou sequer conhecida, mas que prepare o caminho para que o trabalho e a vontade do seu Eu Superior sejam usados de modo mais integral. Você vai ouvir

perguntas e a Nossa voz falará através de você quando estiver esclarecida o bastante para abrir o caminho. Quando ouvir essa voz, nunca esqueça que é a voz do Instrutor Interno que fala."

Também essa lição foi imediatamente reforçada. Como acontecia com freqüência, um visitante, que se sentia confuso e incapaz de ver claramente o seu problema, apareceu naquele dia. Depois de ter falado durante algum tempo, dei-me conta de uma presença e de uma bela voz que falava por meu intermédio com aquele jovem. Sua expressão mudou e, com um aspecto encantado, ele disse, cheio de entusiasmo: "É isso! É o que eu estava procurando. De certa maneira, eu sabia, mas você examinou o caso com clareza e isso foi ótimo. Obrigado."

Ele se foi e eu compreendi que não tinha idéia do que fora dito e que para ele parecera tão certo. Isso tornou a se repetir muitas vezes.

"R" deixou bem claro que eu devia fazer tudo com inteireza de propósito:

"Na unidade de todos os seus ritmos há alegria, liberdade e uma vida magnificente.

"No ato de dar, não deixe para trás uma ponta sequer de hesitação; o que dá e o que recebe são apenas um.

"Ao pensar, abandone os fragmentos de pensamento; atue na totalidade do conhecimento.

"Ao amar, não deixe fragmentos de Deus descentralizados; permita que o Seu amor surja através de todos e de tudo.

"Ao viver, não deixe fragmentos desajustados; avance completamente nas energias divinas do Plano de Deus.

"A alegria de viver está dentro do seu poder de criar e aparece quando, no seu coração e na sua mente, você entrega o seu apego às coisas materiais e abandona pensamentos e hábitos negativos, aos quais se agarra de forma incrível. Uma grande luz interior está sempre pronta a surgir e a focalizar-se nas coisas que você for inspirada a criar."

As lições com "R" continuaram, intimamente ligadas ao meu dia-a-dia. Tive de enfrentar uma tarefa que me parecia impossível: revirar a terra pesada para fazer um jardim num terreno arenoso. Todos na comunidade estavam ocupados com os trabalhos da primavera e não havia ajuda disponível. Sob a orientação de "R", a tarefa realizou-se com facilidade. Ele disse:

> *"Bloqueie ou liberte. A escolha é sua. Na ilimitada energia que flui através de você será feito o trabalho no jardim, que trará alegria e liberdade."*

Sintonizei-me com os átomos da terra e com os das ferramentas e descobri um fluxo de energia semelhante a um laço espiritual entre nós. A difícil tarefa tornou-se um grande jogo, em que remover e nivelar a terra foi uma tarefa fácil. O meu corpo se fortaleceu quando relaxei no criativo fluxo de energia com uma radiância interior e em nenhum momento fiquei muito cansada. Ao observar o resultado, compreendi que o segredo estava na minha total atenção ao trabalho.

Minha alegria foi correspondida pela sincera apreciação de "R".

> *"Você expressou a alegria e o poder das energias superiores no seu trabalho, trazendo à alma uma claridade quando sentiu o nosso amor transformador fluir em você. Esse é um tesouro que você pode repartir com outros, quando eles começarem a abrir o caminho."*

As respostas continuaram a aparecer quando eu precisava delas. Na comunidade de Findhorn, estávamos revisando os nossos propósitos e, para esclarecer a minha mente, pedi em oração que me ajudassem. O meu Instrutor Interno me deu esta resposta:

> *"Entre todas as pessoas deste planeta, um pequeno número foi inspirado pela grandiosa luz do divino poder e chamado para esta cidade de Luz em evolução. Vocês estão aqui, não por motivos pessoais, mas para criarem, juntos, um padrão de vida para o futuro. Estarão abrindo o caminho para que os ritmos espirituais tragam harmonia ao conflito, quando, conscienciosamente, usarem as suas possibilidades intuitivas na próxima década.*
>
> *Este é o mundo de Deus. Vocês são distribuidores e depositários do seu amor, com sua sabedoria, poder transformador e alegria. Ele os guia através da sua linda luz, sempre que estiverem dispostos a ouvir. Quando permitirem que a vontade*

superior e a energia criativa trabalhem através de vocês, vocês verão que a tarefa é fácil e cheia de alegria.

Despertem para a verdade do seu Ser e hão de ver e conhecer a magnificência do Plano em Desenvolvimento e a parte de vocês nele. Compreenderão por que foram impelidos a virem para este lugar. É aqui, nesta ocasião, que vocês podem fazer a sua maior contribuição, dentro da família dos habitantes deste planeta."

Tal como "C" fizera antes dele, "R" estava preparando o caminho para que eu aceitasse o meu Eu Superior como Instrutor Interno. Implantada na minha mente e no meu coração, havia uma certeza profunda de que o meu Anjo da Guarda estava sempre perto e pronto a ajudar-me em qualquer momento que eu necessitasse do seu auxílio, bem como a trazer à minha percepção lições especiais. Era quase como se o seu amor e a sua orientação se tornassem mais claros e mais poderosos se ele não precisasse estar envolvido com as lições cotidianas.

Tive um sonho muito claro, no qual eu caminhava por declives perigosos de montanhas escarpadas. Sabia que podia seguir a trilha, mas fiquei tentada a tomar o que parecia ser um atalho. Subitamente, uma pedra deslocou-se sob o meu pé e escorreguei para uma fenda. Não me machuquei, mas a fenda era tão profunda que não me seria possível sair dali. Havia uma possibilidade mínima de que alguém passasse por aquele caminho. Depois de procurar muito tempo um ponto de apoio para os pés, desisti e sentei-me, tranqüilamente. Logo, uma luz apareceu no alto. O sol não estava num ângulo que permitisse brilhar sobre mim, mas, subitamente, quando ergui os olhos, vi o rosto radiante de um homem forte. Ele fez descer uma corda, eu segurei-me nela e fui subindo, calcando os pés pela face da rocha em declive, enquanto ele me puxava para fora. O homem simplesmente disse: "A senhora precisa de um companheiro nestas montanhas perigosas." Eu estava lhe dizendo que não me machucara, quando acordei.

Naquela manhã, na meditação, "R" veio acompanhado por alguém e eu reconheci a bela pessoa que me salvara no sonho. "R" disse:

"Você é cuidada de forma maravilhosa. Acima de tudo, você deseja que nosso trabalho seja feito e, com esse propósito, doou o seu tempo para preparação. Escolhi este momento para uma cooperação mais íntima neste plano da manifestação. Chegou a hora!"

Então eu soube que o meu salvador era "A", o meu Eu Superior. Uma luz radiante brilhava à sua volta quando me disse:

"Assim como você se entregou em seu coração, deve abandonar as dúvidas de sua mente ao amor que irradia através do nosso Ser. Onde quer que esteja neste planeta, é o meu trabalho que a conduz, mas as decisões ainda são suas."

Nessa noite, em sonho, eu estava de novo angustiada. "A" apareceu e disse:

"Agora você se casará comigo? A orientação é o ato de cortejar – eis a minha corte – a sua é abrir-se para isso através da ação do Quarto Ritmo. Esse não é um casamento comum. Você deve ser minha tão completamente que cada respiração me pertença e a radiância dos Ritmos de Ouro, o diamante que lhe dou, esteja sempre brilhando na 'Mão'."

Havia chegado o momento em que eu sabia que devia deixar o confortável ninho dos ensinamentos de "R", tal como antes deixara o túnel escuro, que era como a segurança de um útero. Experimentei minhas asas, confiando-me ao ensinamento de "A", e encontrei-me entre os Ritmos de Ouro.

Eu não precisava temer a direção que ia tomar, pois de longe surgiu uma luz âmbar, tão intensa nessa nova região como a luz que estivera à saída do túnel escuro, quando eu o deixara. Eu sabia que isso abriria o caminho para que o amor de cura se expressasse através do templo do meu Ser. Vivendo nas energias dos Ritmos de Ouro do meu

Eu Superior, encontrei uma liberdade maior, um serviço mais profundo e uma fé mais clara, ao me dirigir para aquele farol de luz âmbar que possuía tesouros desconhecidos.

CAPÍTULO VII

O TEMPLO DA TOTALIDADE

"Lugares de grande beleza são criados no reino da cura cósmica, dentro dos níveis superiores do nosso Ser; entre eles está esse Templo da Totalidade."

Um magnífico anel de luz envolveu-me e uma paz e beleza profundas encheram meus pensamentos. Raios de luz moviam-se no meu corpo, trazendo energias curativas. Senti que uma música suave vinha de um ponto muito profundo da minha consciência e sabia que o meu Eu Superior estava comigo. Depois de um momento, ouvi a sua voz:

"A liberdade desta meditação ajuda a abrir o seu coração, deixando que o seu amor venha a mim. Esse amor a levará a compreender o meu profundo amor por você e, por seu intermédio, todas as pessoas e coisas. Ele ergue o espírito e abre o caminho para a partilha com quem estiver buscando ou precisando ajuda. O poder do meu amor, crescendo através de você, nada deixa a que você possa se apegar, pois a orientação torna-se viva e significativa, de uma forma que representa mais do que os sinais dispostos ao longo do caminho."

A beleza e o conforto do lugar deram-me uma sensação de segurança. Eu já havia estado nesse templo, com suas luzes suaves e radiosas e suas energias curativas. Desejava ficar, mas depressa estava em outra lição. Mais tarde, enquanto pensava naquela radiante experiência, desejei voltar. O Instrutor captou o meu pensamento e disse:

"Você está sendo preparada para um trabalho que irá liberar as energias curativas superiores. Haverá tempo, no centro desse seu Ser, para que isso aconteça. Mas se permanecesse aqui por mais tempo, poderia perder contato com as vibrações da terra, que todos vocês deverao elevar."

Compreendi que havia visitado a morada do meu Eu Superior

e do meu Anjo da Guarda, o templo onde eu estivera em raros momentos de meditação, quando se realizavam cerimônias. A voz continuou:

"Na consciência de cada pessoa, aguarda um centro, um lugar onde será feito o trabalho mais vital. Nesse templo, o seu Eu Básico possui um registro de todos os pensamentos e ações que você criou através dos tempos. Ligando-se com os ritmos superiores do seu Ser, este Eu Básico lhe traz todas as energias superiores e todo o conhecimento de que você precisará."

As perguntas giravam em minha cabeça, quando indaguei: Como posso voltar a este belo lugar? Devo esperar que me tragam até aqui? Como esse conhecimento pode vir a mim?"

"Você saberá, com o tempo, como se aproximar do seu Templo interior, na meditação. O caminho está sendo preparado de maneira prática, e outros a ajudarão a descobrir essa parte do seu Ser. E o trabalho será realizado."

Nessa noite tive um sonho. Eu estava num barco onde havia muitos embrulhos e bagagens empilhadas; comigo estavam duas pessoas que eu parecia conhecer apenas ligeiramente. Como estávamos compartilhando a nossa experiência de vida, nós nos revezávamos nos remos. Algum tempo depois, chegamos a uma praia onde eu desci do barco e, deixando os outros, segui por uma trilha que levava a uma casa imponente, de frente para o mar. A porta aberta deixava mostrar um grande aposento perfeitamente mobiliado e recendendo a perfume de flores frescas. Não havia ninguém no aposento e, então, chamei. Uma bela figura apareceu na escadaria do lado oposto do aposento e, com um sorriso muito suave, disse:

"Então, você e a sua heterogênea tripulação chegaram, finalmente, à nossa ilha. Se quiser ficar, você tem de estar preparada para abandonar tudo quanto está no barco."

De certa maneira, compreendi que o templo que eu estava procurando ficava naquela bela ilha.

Acordei com a sensação de que algo especial estava acontecendo e perguntei a mim mesma o que queria dizer aquele sonho. Com grande expectativa, fiquei a esperar o que o dia iria me trazer.

Eu estava, nessa época, nos Estados Unidos, na Nova Inglaterra, assistindo a um curso sobre o controle da mente. O curso, inspiradamente apresentado por um jovem abade, possuía uma qualidade essencialmente espiritual e nele percebi uma profunda confirmação da minha própria experiência de meditação. Numa meditação guiada, cada um de nós criou um laboratório de cura, no qual teríamos de conhecer os nossos dois guias, um de cada sexo. Quando criei o meu laboratório, o sonho que tive me esclareceu a seu respeito. Nesse lugar adorável, surgiu, para me auxiliar primeiro o aspecto masculino do meu guia, o homem que eu vira no meu sonho e, em seguida, surgiu a mulher. Ambos eram confortadores e deram-me segurança e paz. Mais tarde, no curso, trabalhamos aos pares. Meu parceiro tinha um cartão que eu não podia ver, mas que descrevia uma pessoa necessitada de cura, e a minha tarefa era tentar visualizar essa pessoa e sentir a sua necessidade.

Na claridade do laboratório que criei de olhos fechados, vi a primeira pessoa a ser curada. Fazendo as perguntas que nos eram permitidas, descobri que ela correspondia à descrição do cartão, até mesmo quanto ao fato de arrastar o pé esquerdo. Esta foi, para mim, uma experiência nova. Com cuidado amoroso, levei a mulher para uma sessão de cura no meu laboratório e a envolvi em amor curativo com o auxílio dos meus Instrutores e a presença do Cristo, que apareceu numa luz radiante. Na manhã seguinte, em minha silenciosa meditação, "A" disse:

"O esplêndido laboratório que você, sob inspiração, criou para o nosso trabalho conjunto é um refúgio onde nos encontraremos com freqüência, um lugar de cura para muitos. Isso será sempre uma revigorante experiência, na qual todos os ritmos trabalham juntos, em equilíbrio. A tecedura da tapeçaria divina se desenvolve rapidamente. Reúna-se a nós, esta manhã, juntando todas as forças para deixar fluir as energias superiores para todos os que estiverem à sua volta neste dia. Nós três estamos com você: "C", enviando as energias do amor curativo; "R", o seu Guia e conse-

lheiro; e eu, o tecelão, trabalhando com o tear no qual os raios curativos são fiéis ao padrão divino que está em você."

Durante essa meditação, aconteciam coisas que ficavam além da minha compreensão, mas eu sabia que elas estavam começando a abrir caminho para que eu me aproximasse do belo templo. Os amigos, em cuja casa eu me hospedava, haviam-me informado sobre os poderes de cura usados pelos antigos Kahunas, do Havaí, e isso também iria realçar o meu trabalho. O meu laboratório de cura tornou-se um templo de totalidade, construído com arcos de luz.

Esse templo enriqueceu-se muitíssimo desde a primeira vez que eu o vi, mas sua radiante beleza básica permaneceu inalterada. Para entrar, caminho entre feixes de luz que se separam e se reúnem novamente, como se vinculados à totalidade. A essência que impregna o templo e tudo dentro dele é luz, paz e uma purificadora energia curativa, que respira harmonia e liberdade. A entrada do templo fica na parte norte, quando chego a ele com as minhas vibrações inferiores, vindo de um lugar onde a água pode transformar-se em gelo.

Vários dias depois, tornei a ir àquele templo feito de dourados feixes de luz. Um acolhedor Ser de Luz veio guiar-me e, com um movimento das mãos, abriu as grandes portas. A combinação de energias, o som de música suave e a beleza das cores libertaram-me do apego ao meu eu consciente e trouxeram uma clareza de conhecimento muito acima do pensamento e do raciocínio da minha mente humana. Com esse conhecimento, veio o amor do meu Eu Superior, que nesse lugar estava à vontade. Havia alegria em seu companheirismo, quando observávamos as limitações do meu corpo humano com delicioso senso de humor, vendo o quanto ele era restrito, desnecessariamente formal e, contudo, tão necessário para o trabalho a ser feito. Por fim, compreendi a importância vital do fortalecimento do "tear" que são os nossos corpos, porque sem eles não seria possível tecer os fios de ouro da vida no plano terrestre.

Certa manhã, outras pessoas juntaram-se a mim no templo. Quando nos aproximamos, vimos estenderem-se para nós e para os jardins e áreas naturais a sua beleza e energia, ali onde as árvores, em seu arqueado esplendor, formavam um templo ou santuário externo.

Entretanto, no templo, nossa atenção foi atraída para o domo central, de onde vinham raios curativos de magnificente jóia de âmbar.

Carrilhões suaves tocavam no alto e, erguendo os olhos, descobrimos um anjo, numa luz dourada que nos abençoava numa ação mágica, na qual cada um de nós era liberado para os corpos cheios de luz dos nossos próprios Eus Superiores. Descobri que aquela ação transformadora dera-se em cada um que entrava no templo, e parecia estar em conexão com o delicado toque de carrilhões, criado pela suave brisa marinha que soprava sobre os delgados fios de ouro que irradiavam do anjo, como uma aura.

Dois trabalhadores do templo vieram receber-nos, e com tanta fé e amor, que toda hesitação proteladora que eu tinha despareceu, ao visitar aquele lugar. Senti a sua alegria e energia criativa libertarem-me inteiramente para a aventura que tínhamos diante de nós. Caminhamos facilmente em direção ao cuidado amoroso e à paz da extremidade ocidental do templo, onde encontramos um ponto de repouso com um mobiliário confortável. Isso nos deu oportunidade para nos relaxarmos e nos ajustarmos à rápida mudança de vibrações. Foi-nos oferecido um néctar feito das ervas e frutas frescas do jardim do templo.

"R", o meu Anjo da Guarda, reuniu-se a nós, cumprimentando-nos, e disse:

> *"São criados lugares de grande beleza na região da cura cósmica, nos níveis superiores do nosso Ser; entre eles, está este Templo da Totalidade. Trabalhadores dedicados reúnem-se aqui para atender às necessidades dos que aqui vêm para serem revigorados ou curados depois de um pedido feito por, ou para, uma pessoa vir ao templo. Voltar-se inteiramente para o Divino Poder é o que se requer, pois Deus ouve a mais recôndita aspiração de modo tão claro quanto ouve as palavras que pedem ajuda."*

Guiando-nos através do templo, ele nos foi falando dos seus tesouros:

> *"Desde a sua estrutura incial de luz, o templo tem sido enriquecido com belas e úteis dádivas, oferecidas com gratidão pelos que aqui entraram e foram ajudados. A primeira dádiva foi a grande jóia de luz de âmbar no domo que fica sobre o santuário. Ela foi oferecida por alguém conhecido como "B", cujo apoio, quanto*

ao trabalho do templo, tem grande significação, especialmente no que se refere ao auxílio às crianças. Aquela jóia envia os seus raios revigorantes a todos os recantos do templo e serve como farol para aqueles que estão se aproximando; ajuda a transmutar as vibrações inferiores e oferece a liberdade de espírito que abre o caminho para a cura."

Uma janela delicadamente desenhada com cores brilhantes como pedras preciosas estendia-se ao longo de todo o lado sul do templo; abaixo dela ficava um aposento de poderosas energias curativas. Os raios do sol brilhavam através dessa janela e derramavam uma energia vital pelo templo, aumentando as suas qualidades revigorantes. Acima da grande janela, do lado leste, havia um painel de luz dourada, que se mesclava perfeitamente com as outras cores, realçando a sua beleza.

Uma parte do templo atraiu particularmente a minha atenção. Era um canto para os exercícios da oração, próximo aos encantadores jardins naturais. Um trabalhador levou-nos até lá e nos instruiu em relação aos exercícios especiais que agiam como orações para o corpo. Eram exercícios suaves e fortalecedores e foi sugerido que os usássemos habitualmente para os olhos, o pescoço e a espinha. Os exercícios respiratórios ajudaram-me a me acostumar às energias internas do corpo do Eu Superior. Nosso Instrutor disse:

"Respirar é importante para todos os corpos ; esclarece a mente e as emoções e fortalece o corpo físico, enquanto cura direta e indiretamente."

Ali perto havia uma sólida escrivaninha, onde se registrava grande parte do material escrito na meditação. Cada uma das áreas do templo era espaçosa e iluminada, cada uma possuía o seu próprio objetivo, conservando e emanando as vibrações de acordo com o trabalho a ser ali realizado. Algumas eram tranqüilas, proporcionando repouso e espaço, onde a pessoa podia ajustar-se às energias e aos raios curativos. As mais poderosas energias curativas estavam num grande aposento, no lado sul do templo, e os que vinham em busca de cura muitas vezes eram conduzidos para lá. O seu nome, "Sala da cura radiante", vinha da impressão de que ela dava de ser uma imensa e iridescente tela cinematográfica, através da qual olhávamos para um aposento brilhantemente iluminado de energias cósmicas curativas. Uma suave ação vibratória através do templo forneceu-nos uma refrescante onda de energia. Descobrimos um tesouro adorável, quando "R" explicou:

"Aqui os seus Eus Básicos reúnem nos seus bancos de memória tudo quanto lhes está acontecendo neste templo, de modo tão completo como no plano terrestre. Às vezes, em sonhos ou na meditação, vocês poderão relembrar a radiância desta visita ao templo. Quando isso acontecer, a ação curativa do templo irá restaurá-los, tal como acontece aqui e agora."

Seguindo o nosso Instrutor, deixamos o templo pela porta do oeste e fomos diretamente para a área natural, onde a fragrância dos arbustos floridos, das flores e das ervas, e os arcos majestosos das grandes árvores, eram realçados pelo canto dos pássaros e as brisas suaves, tudo se reunindo para criar uma sinfonia de cor e de som. Um arco-íris sobre o borrifo das águas de uma cascata chamou a nossa atenção, quando a luz âmbar do domo mudou as águas fulgurantes para um tom de ouro delicado. Visitamos os jardins, depois caminhamos pelas escarpas gramadas até o mar, onde a areia branca emoldurava o azul do mar e do céu. Ao respirarmos aquele ar de uma pureza de cristal, o meu espírito sentiu-se limpo e livre.

Voltando ao templo, entramos no santuário central, onde fomos recebidos pelo nosso Anjo da Guarda, cuja alegre e amorosa acolhida mesclava-se à grandiosidade inspiradora de respeitoso temor que vinha daquele centro do templo. Havia ali um equilíbrio tão delicado que fiquei em completa harmonia com o meu Instrutor, num vínculo poderoso e sem palavras. Nesse momento, eu soube que aquele Ser radiante estaria sempre comigo, acontecesse o que acontecesse. Soube também que, sempre que houvesse necessidade, eu poderia vir a esse belo templo, como se ele fosse a minha verdadeira casa. Conscientizei-me de que, todas as vezes que eu fosse inspirada a abrir as portas do templo, deveria fazê-lo na forma de uma cerimônia, levando luz nas mãos, enquanto o meu coração devia expressar um amor completo. Com uma profunda sensação de conforto e certeza, soube que cada um de nós tem um centro verdadeiro como aquele.

Subitamente, percebi que os meus pensamentos estavam predominando, e eu já não estava no templo, e esta perda me acabrunhou. Voltando-me para uma centelha interior de luz, relaxei-me e chamei o meu Eu Superior. Lentamente, o brilho do templo tornou a me atrair para a sua entrada. Fiquei tão grata pelo retorno, que perdoei minha mente por me haver afastado dali e, depois, abri as portas, separando-as suavemente com as mãos. A imagem única do meu Eu Superior ali estava para me receber e, sob a bênção do Anjo, nós nos tornamos novamente um. "R", o meu Anjo da Guarda, veio para levar-me até os demais, que se iam aproximando de um grande lago ao sol, na parte leste do templo. Os mantos que estávamos usando adquiriram uma tonalidade mais profunda, da cor predominante do nosso Ser Superior, refletindo as energias dos nossos corpos inferiores em nosso Eu Superior. Houve uma mudança definitiva de vibração ao penetrarmos nas energias curativas do lago que refletia os corpos dos nossos Eus Superiores, assim como a água clara reflete perfeitamente quando está completamente imóvel. Num canto do lago, havia só uma flor-de-lótus, tão sensível, que emitia a verdadeira melodia das vibrações combinadas de cada pessoa que entrava, iniciando com o estado da pessoa naquele momento presente e captando os tons mais profundos do corpo inferior. A música modificava-se à medida que cada um de nós movimentava as energias curativas, do lago para o centro, onde havia uma fonte fulgurante. Essa fonte fora dádiva de um arquiteto, que, ao entrar no lago, havia dito: "Precisamos dessa energia sobre as nossas cabeças, bem como sobre os nossos corpos."

Quando todos haviam entrado no lago, reunimo-nos nas energias curativas da fonte. Senti aqueles raios passarem através de mim, trazendo uma clareza e uma sensação de bem-estar que penetrava cada célula do meu corpo. Nos raios do sol, no centro da fonte, apareceu uma figura cercada de luz, que se estendeu aos poucos, incluindo todos nós numa bênção especial. Então, ele falou:

> *"Vocês estão diante da aurora deste dia e depressa virá a aurora do planeta. Observem a sua beleza, sabendo que estão se dirigindo para um Plano divino. A capacidade de responder com amor será dada a todos os que se voltarem para a luz."*

Ao deixarmos a fonte, "R" voltou-se para mim e disse:

"Há um novo poder na paz que você sente, uma harmoniosa força de vida no centro da sua consciência. Procure perceber isso com freqüência, durante o dia, porque haverá lampejos de conhecimento, trazendo purificação, para que novas energias venham animá-la e fortalecê-la a fim de enfrentar tudo o que tiver de enfrentar."

No poder revigorante do lago, eu me senti segura e renovada; eu não desejava ir embora e percebi que outros também gostariam de ficar no conforto e na clareza de visão que estávamos sentindo. Então, percebi uma luz exatamente além do lago, atraindo a nossa atenção, quando os seus tons dourados mudavam para uma escala de cores até uma tonalidade de profundo carmesim. Sem perceber o que fazíamos, começamos a nos dirigir para essa luz, que se modificou novamente, voltando ao tom dourado. Essa luz dourada abriu um caminho aos nossos pés, levando-nos para a grande janela do leste, que, com a sua vista para o mar, preenche a face oriental do templo.

Havia um frêmito na silenciosa atmosfera, quando dois auxiliares do templo perceberam que alguém se aproximava. Fomos levados para uma área mais alta, acima do lago, e da qual tínhamos a visão de todo o templo. Através das grandes janelas transparentes de cada extremidade, pudemos apreciar a vista dos magníficos terrenos que pareciam fazer parte do templo. Dali, tivemos o privilégio de observar a cura de um jovem que havia chegado. Aquela cura ia fazer parte do nosso próprio treinamento para o trabalho no templo.

O treinamento também se relacionava com a liberação de entidades espirituais. Nas energias superiores do templo, percebi que, de vez em quando, eu tinha a percepção de uma sombra escura, às vezes mais de uma, que permaneciam ao lado da pessoa que havia vindo para ser ajudada ou curada. Essa entidade era delicadamente atraída para fora, quando a pessoa entrava no templo.

Para estruturar o meu espírito cooperativo no trabalho do templo e afastar a minha dificuldade para enfrentar o desconhecido, fui encorajada a ler a Bíblia, e outros livros religiosos, sobre casos onde havia possessão do corpo por entidades obsessivas, ou demônios, e a sua subseqüente expulsão.

Comecei a obter um melhor conhecimento da lenda que diz sermos seres espirituais que deixaram o seu verdadeiro lar para se aventurarem no mundo da terceira dimensão. Com a energia colocada à nossa disposição, usada para desejos e interesses egoístas, aprendemos a criar circunstâncias e relacionamentos, tanto negativos como positivos, em nossa vida. Quando despertamos para a nossa realidade de seres espirituais e voltamos a caminhar em direção à nossa verdadeira casa, movimentamo-nos com passos progressivos, sob a orientação dos nossos Eus Superiores e Anjos da Guarda.

Muitas pessoas apegaram-se tanto às coisas materiais, ou tornaram-se tão dependentes de outras pessoas que, quando morrem, não querem abandonar o que possuíam. O seu espírito permanece ligado à terra, ansioso para voltar novamente a um corpo. Pelo uso de drogas, ou através de algum acontecimento traumático ou acidente, as pessoas podem abrir-se para esses espíritos ligados à terra, os quais podem entrar e tomar posse delas. Libertar essas pessoas é parte do trabalho de purificação do planeta.

Na era atual, há uma nova abordagem, pela qual as entidades que são libertadas recebem auxílio para seguir o seu caminho espiritual. Essa é uma parte importante do trabalho no Templo da Totalidade, onde, nos raios cósmicos curativos do Cristo do templo, as entidades são ajudadas a encontrar sua direção correta, e recebem as energias, o amor e a bênção para a jornada. O Anjo da Guarda de cada entidade vem protegê-la e conduzi-la ao seu caminho.

Com a cooperação dos meus Parceiros Internos, aprendi a me sintonizar tanto com a pessoa a ser curada quanto com as qualidades das entidades e, assim, ganhei uma maior compreensão da situação e do trabalho que ia realizar. Fiquei surpresa ao descobrir que qualquer deficiência física de uma entidade durante a sua existência poderia, paulatinamente, ir afetando uma pessoa e, mesmo, ser causa de doença.

No templo, a separação de uma entidade apegada a uma pessoa tornava-se mais marcante quando a pessoa passava pelas diferentes áreas de cura. O local mais importante era o "lago de energia". Ali, a entidade-sombra geralmente se desenvolvia para tomar a sua forma humana e recebia grande apoio, amor e ajuda, de forma a se interessar pelo seu próprio reflexo e pelo seu próprio progresso. A pessoa à qual ela estava apegada ficava livre para entrar no lago.

Naquela manhã, enquanto observávamos, Ra, um trabalhador do templo, recebeu um homem jovem que havia chegado à entrada e comunicou-se facilmente com ele. Houve uma transformação mágica quando o homem, identificado como John, ficou de pé, sob o Anjo do Portal, e foi abençoado. Ele tornou-se radiosamente claro e uma luz vinda do seu interior acrescentou fulgor às tonalidades suaves do templo. Nessa luz, nós vimos, ao seu lado, um ser semelhante a uma sombra, um pouco escuro na vibrante luz do templo e ligeiramente afastado. Ao passarem para a área de repouso, as perguntas de John foram respondidas amistosamente, numa atmosfera de aceitação. Ele começou a falar sobre os conflitos da sua vida e da sua necessidade de cura.

Um trabalhador do templo começou a conversar com ele, à medida que caminhavam para as energias revigorantes dos jardins; depois, na volta, foram diretamente para o santuário central. John foi envolto pela luz da jóia de âmbar do domo, ao mesmo tempo em que era recebido pelo seu próprio Anjo da Guarda. Sentimos o poderoso vínculo existente entre eles e, enquanto ouvíamos os tons suaves da música do templo, os nossos corações respondiam à fé e ao amor do seu Instrutor. Ali, o ser-sombra agarrava-se a John e eu vi que "R", o meu Anjo da Guarda, havia ficado ao lado dele, envolvendo suavemente o ser escuro com raios de luz. Aos poucos, a luz aumentou, quando um poder que vinha de uma presença iluminada encheu todo o templo com uma luz suave e penetrante e amor curativo. Senti-me restaurada e vi que tudo, no templo, havia sido renovado. A fragrância das flores simbolizava essa energia revigorante.

O Anjo da Guarda de John permaneceu junto a ele, quando o pequeno grupo dirigiu-se para o lago. Ali, um fascinante drama foi representado. Assistimos à luta da entidade mais escura, que não queria deixar John entrar no lago e não parecia ter vontade de segui-lo até lá, tentando, assim, impedi-lo. Três Anjos da Guarda circundaram de luz essa entidade delicadamente e, amorosamente, atraíram a sua atenção para o seu próprio reflexo no lago. Ali vimos o ser-sombra tomar a forma de uma mulher alta, e compreendemos que ela supunha estar ajudando John com o seu apego.

Na luz protetora de seu Anjo da Guarda, John entrou com facilidade na piscina e lá ficou, em reverência, ouvindo a melodia da sua vida que emanava da bela flor-de-lótus. Havia uma liberdade renovadora à sua volta, ao movimentar-se através das energias curativas em direção à fonte. Logo o grupo saiu do lago, seguindo a trilha de luz até a janela do leste. O manto cor de ouro pálido que John usava adquiriu uma tonalidade dourada intensa ao sol, quando ele permaneceu olhando para fora, para as ensolaradas encostas que levavam ao mar. Um trabalhador do templo o acompanhou até a "sala de cura radiante", onde a energia de cura é mais poderosa, e ali ele repousou sobre uma espécie de estrado estofado. O seu Anjo da Guarda ficou aos pés do estrado, dirigindo a John os seus raios curativos.

Do lado direito do aposento, "R" trabalhava com a entidade, um ser benigno que tentava ser útil, mas que precisava seguir sua própria jornada. O Anjo da Guarda de John falou-lhe:

"Você tem um tranqüilo conhecimento de alguma coisa que está tentando alcançá-lo aqui, onde está envolto pelo nosso amor e pela liberdade de espírito. Como abriu o caminho, vindo para o templo, podemos com maior facilidade entrar em comunicação com você. As barreiras que você criou são, em parte, o resultado da sua necessidade de proteção quando se sente inspirado a realizar algo e, em parte, o resultado da fuga de um poder demasiado grande para você controlar e, ao mesmo tempo, permanecer fiel ao seu conhecimento interior. O poder das expectativas e das reprovações alheias criou um pesada barreira, enquanto o serviço amoroso oferece o clima no qual a sua força interior poderá crescer melhor. É como uma moeda, que tem duas faces, mas uma borda fina e firme. O mundo que os seus pais abriram para você e a capacidade criativa da sua mãe tornaram possível a profundidade de experiência nos primeiros anos de sua vida e edificaram uma base firme. Na consciência do seu Eu Superior, aqui no templo, você pode ver claramente o trabalho que veio fazer na terra. Quanto desse trabalho você vai permitir que chegue a se realizar depende dos valores que lhe pareçam verdadeiros. As respostas para as suas perguntas estão dentro de você. À medida que a sua perspectiva for se ampliando, você terá força interior e será libertado de muitos dos seus falsos julgamentos e medos, e estará livre para perdoar. Assim fazendo, apreciará ajudar os outros. Nosso amor o envolve e estamos prontos a ajudá-lo sempre que você pedir."

A luz aumentou enquanto ele falava. Num dos lados do aposento, vimos uma mulher de bela estatura que, embora tivesse morrido alguns anos antes, sentira-se atraída a ajudar John, quando ele estava em dificuldade, numa época em que viveu no Oriente. O seu amor por John a conservara ao seu lado e, inadvertidamente, tornara-se causa de ciúme, fustração e tensão interior na vida dele.

Os que trabalhavam com ela mostraram-lhe a fase desafiadora da vida no plano superior, para o qual ela podia agora dirigir-se na sua própria evolução. Ao aceitar isso, ela abriu o caminho para seu próprio Anjo da Guarda, que apareceu a seu lado e a envolveu com uma luz suave, expressando alegria por ela ter-se mostrado tão prontamente disposta a aceitar a sua orientação. Ao mesmo tempo, o templo ficou repleto de uma luz maior, na qual o Iluminado apareceu junto a John.

Quando o ritmo do meu próprio Eu Superior manifestou-se, tive a percepção de que participaria da cerimônia que iria ter início. Eu sabia que, para uma entidade se movimentar, as energias tinham de ser sustentadas por alguém no plano terrestre. Bem segura no Centro do meu Eu Superior, eu tinha a certeza de que seria inteiramente protegida durante esse trabalho. Embora tivesse sido preparada, aquele foi um momento excitante. Da energia que ali se expandia, "R" levantou os olhos para o ponto mais elevado, de onde observávamos e, com um gesto, indicou-nos que deveríamos nos reunir ao grupo.

Eu havia estado naquele aposento várias vezes antes, mas, agora, devia tomar parte ativa no fundamento das energias cósmicas curativas que me eram irradiadas pela grande Presença. Fiquei a indagar a mim mesma qual o impacto que teriam aqueles poderosos raios. Num momento de grande intensidade, relampejaram raios em ondas para o centro do meu coração e, depois, naquele tremendo poder que é o Amor Maior, esses raios foram refletidos em direção a "R" e em direção da mulher que estava de pé ao seu lado. Nessa energia, o seu corpo fulgurou, e ela ficou completamente livre da escuridão que antes a rodeava. O Anjo da Guarda, radiante ao seu lado, envolvia-a num amor protetor, que iria ajustar o fluxo de energia para a sua próxima jornada. Quando ela ficou pronta para partir com o seu Anjo da Guarda, o Iluminado pronunciou uma bênção para o templo e para todos os que lá estavam.

Quando John preparou-se para ir embora, percebi a sua alegria e a sua liberdade, e fiquei a pensar se ele seria capaz de guardar um pouco daquela visão e do suave amor do templo. Nos graciosos corpos repletos de luz dos nossos Eus Superiores, todos nos reunimos a ele sob o arco de árvores, no santuário exterior, onde foi servido o néctar revigorante de frutas e ervas. Com o cântico dos pássaros e o sopro suave da brisa, ficamos revigorados e prontos para voltar aos nossos corpos terrenos, inspirados para um novo dia.

Na manhã seguinte, na quietude da meditação, os meus pensamentos se voltaram para a cura, a beleza e para as restauradoras vibrações do templo. Mas logo estava de volta à lição de costume, com o meu Instrutor Interno perguntando:

"Com que intensidade você está se abrindo para permitir que os ritmos superiores fluam livremente em sua vida? De que maneira você está se dando conta da contínua orientação do seu Eu Superior? Como vai a sua cooperação com o Eu Básico?"

Enquanto pensava sobre essas perguntas, compreendi que haviam-se passado mais de quarenta anos desde que as sementes foram implantadas em mim por meu marido, Bertram. Senti a sua presença atraindo-me através dos raios de luz da sua dádiva, a grande jóia de âmbar do templo. Quando me aproximei, encontrei-o esperando por mim diante das portas de luz dourada e as suas palavras de boas-vindas estavam repletas de alegria.

"Você e eu estamos mais unidos do que nunca. Damos apoio um ao outro, alegria e liberdade, quando fazemos o trabalho que somos inspirados a fazer, na companhia de muitas pessoas esplêndidas. Se eu não tivesse passado para esta nova fase da vida, provavelmente estaríamos ancorados em algum lugar, com a nossa visão limitada, menos cônscios, talvez, da aproximação da Nova Era. Quando nos ajudamos mutuamente, estamos caminhando para o verdadeiro casamento com o nosso Eu Superior. Nessa liberdade, você pode puxar a âncora que a retém para baixo, os medos ocultos, os ressentimentos e as ansiedades, e navegar alegremente, com fé e inspiração. Mas, para o seu Eu Superior, você é essa âncora. Você o está mantendo preso ao plano da terra, até que se possa esclarecer o bastante para deixar que os ritmos superiores transformem a sua vida."

Senti aquele desafio pesar profundamente em meu coração e em minha mente e, ao tentar compreender com maior clareza o meu papel, perguntei: "E o casamento no plano terrestre?"

Havia segurança na sua resposta: "Quando duas pessoas mutuamente favorecem o desenvolvimento espiritual de cada uma, em total liberdade e confiança, o casamento terreno é certo e inspirador, e um trabalho muito maior pode ser realizado por duas pessoas que trabalham juntas."

Voltamos para entrar no templo e, quando as portas se abriram, a luz radiante e o suave calor interno trouxeram uma supreendente transformação. Feixes de luz vinham de todos os recantos do templo e penetravam em meu corpo. Pelas poderosas energias do Anjo do Portal, percebi que estava no me Eu Superior e, embora isso tivesse acontecido todas as vezes que eu estava no templo, jamais sentira estar num corpo masculino. O que até então eu havia recebido como natural agora me causava impressão, pois, na cerimônia da entrada, Bertram se tornara uma figura feminina, vestida com um régio manto de luz purpurina e violeta. Senti que devia chamar aquela radiante pessoa que estava a meu lado apenas de "B". Bertram estava tão habituado àquela transformação que nem mesmo notou a minha surpresa.

Caminhamos em direção à adorável área de repouso, onde minha irmã nos recebeu com taças de néctar brilhante. Então, fiquei perplexa, pois ali estava eu num corpo de luz masculino, quando meu corpo era feminino no plano terrestre, enquanto ela mostrava um aspecto feminino nos dois planos. Percebendo a minha surpresa, Bertram disse: "Na linha da vida, nós levamos energias tanto femininas como masculinas e expressamos uma delas com maior vigor do que a outra. O seu Eu Superior é masculino e isso tem-se refletido no seu corpo feminino."

Fiquei intrigada porque, freqüentemente, eu perguntara a mim mesma o motivo pelo qual eu sempre sentira uma energia clara e masculina no meu trabalho executivo, enquanto Bertram tinha uma natureza mais suave e espiritual. Será que isso estava relacionado com os nossos dois luminosos seres superiores?

Mergulhamos profundamente nos pensamentos, por algum tempo. Depois, Bertram falou: "É necessário que eu volte ao meu trabalho agora. Gostaria de me acompanhar durante parte do caminho?"

Deixamos o templo pela porta leste e, enquanto caminhávamos em direção ao mar, percebi que, fora das energias do templo, ele era a pessoa delicada que eu conhecera, possuindo, agora, uma luz interior maior. Quando nos despedimos, ele disse alguma coisa sobre os seus jardins, mas, antes que me fosse possível fazer perguntas a respeito do seu trabalho, ele já se afastara, caminhando rapidamente pela praia.

Olhei para cima, para o templo, e vi Ginger, o meu Eu Básico, num plano mais alto. Num relance, captei nela uma torrente de respostas e, pela primeira vez, comecei a entender as coisas que Bertram me dissera, anos atrás, sobre seu trabalho fora do plano físico. Havíamos vivido numa região tranqüila, onde o seu sono e sua meditação não eram perturbados, e só agora eu começava a entender os seus períodos de silêncio. Ele dissera que, juntamente com outros, o seu trabaho era o de receber crianças que vinham do outro lado em estado de choque, resultante de uma morte súbita e não prevista. Ele as envolvia em luz e atento amor, enquanto eram ajudadas a se adaptar a um novo plano para a próxima fase de suas vidas. Não compreendendo essa experiência e não tendo sobre o que basear o seu trabalho, eu naquela época só podia ver aquilo como uma fantasia ou como sonhos repetidos. Desde então, aprendi que, para além do tempo e do espaço, afetamos todos aqueles que os nossos pensamentos alcançam, quando lhes damos amor e força interior para ajudá-los, seja qual for o plano em que possam estar, por mais distante que seja. Deveríamos vê-los sempre sob o amoroso cuidado dos seus Anjos da Guarda.

Pelo quadro que Ginger me mostrou, vi Bertram voltado à bela casa-jardim das crianças e ser recebido por elas e, para minha surpresa, percebi que aquele lugar era vizinho dos jardins do templo. Uma alta barreira, como uma cerca alta, separava esses dois lugares. Tive a impressão de que a barreira não deveria estar ali e esse pensamento me perturbou durante o dia inteiro.

Na manhã seguinte, aquela barreira ergueu-se imensa nos meus pensamentos, quando entrei em meditação. O Instrutor Interno começou a pedir as minhas respostas, no que se referia à percepção e à cooperação com os meus parceiros internos, na preparação para o trabalho no templo. Depois, deu-me um pensamento-chave:

> *"A energia do amor, que vem através do seu Eu Superior, anula as barreiras da sua vida. Não existe nenhuma barreira entre o seu Eu Superior e o seu Eu Básico, e é a interligação dos dois que torna possível o trabalho em conjunto. A barreira mais importante a afastar é a que está entre o seu nível consciente de todos os dias e o seu Eu Básico. Quando essas barreiras, dentro da sua consciência, forem afastadas, as outras barreiras também desaparecerão."*

Aproximei-me do templo, no silêncio da meditação, sentindo que algo especial estava para acontecer. Depois do revigorante exercício de oração no templo, onde o ar puro tinha a fragrância das flores, descansei por alguns instantes. Minha adorável irmã, que havia ficado comigo, passou para a outra parte do templo e, por um momento, fiquei sozinha. Pelo silêncio, senti uma profunda harmonia com uma outra presença, e vi que Bertram estava ali, ao meu lado. Enviava-me amor e luz, a fim de me despertar para a história que estava para além da vida que vivemos juntos.

Desde o momento em que nos conhecemos, Bertram tivera por mim um amor tão profundo e delicado, tão completo, que aquilo me impulsionara através dos anos, mais poderosamente do que se ele tivesse permanecido no plano terrestre. Durante os nossos anos juntos, eu nunca fora capaz de compreender ou de retribuir integralmente esse amor. Só nos últimos dias de sua vida um pouco dessa capacidade se movimentou no mais profundo do meu ser. Uma chama acendeu-se para me levar a uma existência de maior percepção e amoroso serviço, com força e liberdade interior e uma crescente integridade do ser.

Então, recordei o maior tesouro que ele me dera. No momento da sua morte, inesperada e repentina, devida a um derrame cerebral, o seu rosto revelou uma grande dor. Depois de fazer as chamadas telefônicas necessárias, sentei-me por um momento, em silêncio; nesse silêncio, ouvi Bertram chamar-me pelo nome e voltei ao quarto de dormir. Nesse instante, seu rosto estava jovem e radiante de um brilho interior e eu tive a percepção exata da sua mensagem: "Este é um esplêndido nascimento num novo plano." Nunca mais pude pensar na morte como sendo um fim; antes, penso nela como um belo nascimento e um novo começo.

Minha atenção voltou para o templo e para Bertram, que dizia: "O amor que se irradia de mim para você é o simbolo do grande amor que o Eu Superior de uma pessoa sente pelo Eu Consciente e pelo seu Eu Básico. É um belo rio de energia que espera para ser conhecido e aceito, assim como você chegou a conhecer e a responder ao meu amor por você. A coisa mais importante que podemos fazer juntos, agora, é ajudar os outros quando eles pedem ajuda, de forma que eles possam reconhecer a existência do poder interior do amor que está a espera de que despertem e aprendam a distribuir os tesouros ocultos da vida. A necessidade é maior agora, quando a Nova Era sacode o espírito adormecido da humanidade e de todos os níveis de vida que formam o planeta Terra e o sistema solar."

Bertram voltou-se para olhar para fora, para a área natural, e levantou-se com a intenção de partir, perguntando-me, então, se eu gostaria de ir com ele. Senti uma expectativa em sua voz. Quando saímos para a beleza e as revigorantes energias do jardim, em direção à barreira que separava os dois centros de cura, ele disse: "Há muito tempo nós estávamos aqui como membros mais jovens de um grupo cujo trabalho era ajudar os que chegam a esta nova fase da vida, precisando desse auxílio e dessa cura."

Fiquei perplexa, no esforço de compreender o que estava sendo dito com a minha mente consciente e, ao mesmo tempo, percebi isso, claramente, no brilho da aura de "A", que me circundava. Depois de uma pausa, Bertram falou novamente, com tranqüilidade: "Aqui tudo começou. Nesta fronteira, nós nos encontramos e trabalhamos juntos. Esta barreira foi levantada na ocasião em que decidimos renascer no plano terrestre; levávamos conosco uma certa percepção da totalidade da vida, mas precisávamos esclarecer as coisas que podem progredir mais rapidamente pelas provas e pelo aprendizado na terra."

A barreira surgia, alta, acima de mim. Tive uma súbita compreensão de que Bertram poderia passar através dela, se quisesse, mas não faria isso na minha presença. Captando o meu pensamento, ele disse: "Vamos juntos para uma aventura."

Lado a lado, caminhamos uma longa distância, mas, embora estivéssemos subindo por um caminho íngreme, isso não exigia esforço. Numa curva repentina, nós nos vimos no início de um grande desfiladeiro nas montanhas. Até então, havíamos falado pouco mas, agora, Bertram começou a explicar o que eu deveria esperar: "Tenho subido por este desfiladeiro e posso, a qualquer momento, estar em qualquer ponto do caminho ou do topo, mas você precisa subir passo a passo. Estarei com você, de vez em quando, para dar-lhe apoio. A subida será íngreme, as paisagens serão reveladoras e a beleza do desfiladeiro, enquanto você subir, fará com que todo o seu esforço valha a pena. No alto do desfiladeiro está o amor superior de cura. Você não desejará ficar por muito tempo no desfiladeiro quando alcançar o alto, porque poderá reconhecer os passos que já deu na direção do pico mais alto. Sentirá um ansioso desejo de sintonizar-se com a entrega, a fim de que possa entrar no caminho que leva à Vontade

Divina e deixar que seja tecido o modelo perfeito da tapeçaria da sua vida. Depois, começará a aventura da unidade com os ritmos do seu Eu Superior. Você passou pelas vertentes desta grande escalada e está no seu caminho. Não se preocupe se, de vez em quando, os abismos e as provas tomarem o caminho da descida, porque cada um deles é necessário para que você alcance a curva seguinte da subida. Passe confiante pelos trechos ásperos, como passou pela barreira de fogo. Uma existência é curta para a ascensão desse desfiladeiro."

Voltando-se para mim, Bertram disse-me que gostaria de oferecer-me três presentes. Eu sabia que devia estar aberta e confiante, preparada para assumir uma completa responsabilidade por esses presentes, permitindo que eles modelassem a minha vida. Ele perguntou-me se eu estava disposta a aceitá-los e eu me senti segura de que eles tinham algo a ver com a dissolução da barreira que, de certo modo, havia se tornado a mais urgente necessidade de minha vida. Ajudada pelo meu Eu Superior, soube que estava segura e, sem hesitação, respondi, animadamente: "Sim, aceito os presentes e tentarei ser fiel à sua confiança de entregá-los a mim."

Estendi as duas mãos para receber os presentes. Na direita, ele colocou GRATIDÃO; na esquerda, PERDÃO TOTAL e no meu coração colocou AMOR.

Rápida e suavemente, estávamos de volta ao terreno do templo e lá deparamos com as preparações que estavam sendo feitas para um acontecimento especial. Quando entramos no templo, senti a radiância do meu Eu Superior afastar todas as minhas preocupações limitadoras. Quando "R" nos cumprimentou, olhei de relance para baixo e vi a cor dourada do manto e das sandálias que eu estava usando. Fui levada para o santuário central e encontrei-o repleto das luzes, que se mesclavam, de todos aqueles que se haviam reunido ali. Dentro da aura radiante de "A", ajoelhei-me sobre uma almofada azul celeste e violeta, tendo a impressão de que aquelas cores davam-me força. Senti-me abençoada pelo amor de "C", o Iluminado. Ele disse:

"Neste dia, quando você vem a Nós aceitando mais o trabalho a ser feito, vai haver uma cerimônia especial e você compreenderá por que foram necessários os anos de preparação."

O meu Ser parecia dividir-se, embora estivesse dentro de uma grande aura de luz. Apesar de permanecer no corpo do meu Eu Superior, eu estava mais atenta ao meu eu consciente. Ginger apareceu do meu lado e olhava para cima com uma expressão de reverente respeito; seguindo o seu olhar atento, vi que "C" se dirigia a ela. Ele ficou de pé, mantendo sobre a cabeça de Ginger as suas mãos enquanto dizia:

> *"Daqui por diante você irá chamar-se Katharin. Com o nome, virá o entendimento de que o seu trabalho foi bem-feito; uma capacidade intuitiva maior significa uma responsabilidade maior para você como parceiro. Sara tornou isso possível pela sua aceitação das dádivas e das responsabilidades especiais, mas o propósito mais profundo é que vocês três, "A", S. e K. ajudem uns aos outros na manutenção do caminho aberto para PEDIR.* "Pedi e receberá."*

O templo nunca esteve tão impressionante em seu poder, em sua beleza e elevação de espírito; ali, rodeada pelo grupo que se havia reunido para o seu batismo, Katharin parecia uma criancinha, sem saber se ria ou se chorava. "C" estendeu-lhe a mão a lenvantou-a para que ficasse a seu lado. Respondendo ao seu amoroso cuidado, ela deixou que a sua preocupação se dissolvesse, quando foi inteiramente tomada pela alegria e pelo precioso apoio daqueles que tinham vindo para esse grande momento. Foi servido o delicado néctar do templo, recém-saído dos jardins, e logo as pessoas começaram a formar pequenos grupos e a sair para as áreas de cura que melhor correspondiam às suas necessidades.

Senti uma resplandecente paz interior e vi Bertram ao meu lado, trazendo taças de néctar. Quando pedi que esse néctar fosse abençoado, Katharin veio até nós e disse, aprovando: "Eu sempre posso lhe revelar aquilo de que o corpo necessita, quando você pede. Como Ginger, eu era a sua criança andrógina e não sabia como auxiliá-la, mas, como Katharin, sou a sua filha e a companheira constante. Você, Sara, é a minha mãe e "A" é o meu pai, enquanto eu sou o catalisador do impulso criativo do seu casamento místico. O corpo terreno no qual

* Em inglês, as iniciais A, S e K formam a palavra ASK, que significa PEDIR (N. T.).

moramos é o símbolo do Templo da Totalidade, ao qual vimos para obter inspiração e orientação."

Enquanto bebíamos do néctar cintilante, observamos Katharin dirigir-se, confiante, para a ala leste do templo. Tomando a taça vazia da minha mão, Bertram convidou-me a ir com ele ver as crianças. "Elas prepararam uma recepção para você", disse ele.

Tive a impressão de que algo importante estava acontecendo quando segui Bertram pelo caminho ensolarado dos jardins, agora mais brilhantes e alegres do que jamais haviam estado. Caminhávamos pela trilha, falando de Katharin quando, num momento de grande surpresa, percebi que a barreira havia desaparecido completamente. O caminho e os jardins continuavam sem cortes e não havia vestígio do lugar onde a barreira se erguera. As crianças nos rodearam com um delicioso coro de várias vozes, levando-nos para um encantador pagode junto ao mar. Na beleza e na paz daquele lugar, comecei a sentir o impacto de tudo quanto vinha acontecendo e perguntei: "O batismo, Katharin, a barreira que desapareceu, o que foi que causou essas maravilhosas mudanças?"

A voz suave de Bertram deu uma resposta amorosa: "Foi a sua aceitação dos presentes e da responsabilidade pelo seu uso."

A despeito do belo espírito de "A" e da paz do jardim, senti, subitamente, que a responsabilidade que aceitara avultava sobre mim como uma montanha. Fiquei a pensar no modo como poderia manter-me mais perceptiva e como poderia cooperar para o uso sensato, no dia-a-dia, daquelas dádivas. Bertram, em sua sabedoria, veio socorrer-me e encorajar-me:

"Seja apenas você mesma. Não crie obstáculos ou crenças e conceitos negativos no caminho desse 'ser'. Construa com os seus pensamentos formas de viver, felizes e eficazes, porque assim você aprenderá a entregar-se à sua verdadeira vontade. "A" está sempre com você, como o sol, que envia os seus raios sobre a terra, embora grande parte do tempo você possa não sentir sua presença ou o calor do seu amor. Quanto maior forem a necessidade e a escuridão circundante, tanto maior será a sua oportunidade de usar esses presentes. Uma prece, a ausência de medo, um cuidado profundo para que uma pessoa não se atire ao perigo, retirou muitos do caminho do crime e da violência."

Ficamos em silêncio por alguns momentos e, depois, Bertram

continuou: "Toda situação que se lhe apresenta tem um propósito definido. Embora você possa não saber por que está sendo levada para algumas dessas situações difíceis, a sua aceitação da experiência, da dor, do desafio a levará à causa de tudo isso e, na próxima lição, você deve aprender, antes que um novo fio do modelo da sua vida possa ser tecido."

Lembrei-me do tempo em que tive aquela pneumonia e, pedindo auxílio, tive meu Eu Superior comigo, todo o tempo em que durou a experiência. Bertram disse: "O poder e a força interiores são totais neste lado, no templo da meditação em comunhão com "A", mas é no seu dia-a-dia que você deve aprender a ter mais responsabilidade pelo uso desses presentes. Quando vierem pensamentos negativos, volte para eles a luz da força vital que flui de você e observe a beleza e a proteção dessa luz interior. Os espíritos de todos aqueles que a rodeiam serão elevados, assim como o seu próprio espírito."

Um pássaro que cantava do lado de fora da minha janela tirou-me da meditação. Durante algum tempo, fiquei sentada tranqüilamente, pensando nos presentes que havia aceitado e perguntando a mim mesma que efeito eles iriam ter. Não tive de esperar muito tempo.

Na manhã seguinte, quando entrei no templo, "A" me recebeu:

> *"Nosso trabalho está progredindo e você sabe que alegria isso traz, mesmo que as vibrações pareçam pesadas. Elas têm um propósito: são a indicação de que deve ser dedicado mais tempo ao nosso trabalho em conjunto."*

Embora eu tivesse entrado no corpo luminoso de "A", ao chegar, sentia-me nitidamente consciente de todos os níveis do meu ser. Atraída pela paz do santuário central, ali encontrei-me reconfortada na presença de "C". Percebi a extasiada atenção de Katharin, quando ela se preparava para registrar o que se passava. Com segurança, "C" falou:

> *"Dê-se totalmente na sua hora diária, a cada manhã, em todos os níveis do seu ser, das margens externas de sua consciência ao centro da sua esfera. Fixe a sua atenção no poder do Pai, chegando através de você; veja e sinta a Sua Sabedoria combi-*

binando-se com o Meu amor por você. Mantenha sua atenção nessa energia que cresce através de você e siga o seu impulso para o trabalho que tem de fazer aqui. Conserve todos os que vêm ao templo no amor e na luz que enchem a sua consciência. Essa meditação no templo, que traz à ação o Quarto Ritmo da compaixão, é a verdadeira pulsação de sua vida. Deixe que a compreensão e o amor revigorantes fluam através de você para todos os que procurarem auxílio."

Eu me senti sustentada pela Sua confiança em mim e pela Sua fé na minha capacidade de aceitar a Sua mensagem. Tornei-me consciente de uma confiança e força novas, quando "R" se aproximou e me conduziu até a grande escrivaninha, onde me deu outras instruções:

"Na meditação, apanhe a caneta e sinta o poder sobre você; coloque-a de lado quando a mensagem terminar. Siga com o fluxo de energia superior criativa, usando os instrumentos que forem necessários. Se for interrompida por pensamentos, pare e libere-os na luz, porque neste templo a luz e o amor têm ilimitado poder e constância. Conserve-se dentro deles durante esta hora sagrada."

Fui levada para um ponto tranqüilo, junto ao mar, onde se iniciaram novas lições de meditação. Ali estavam sendo feitos mais preparativos para o meu trabalho no Templo da Totalidade. O primeiro treinamento levou-me a uma viagem dentro do corpo humano. "A", que viera como Instrutor, disse:

"Com clareza e amor venha conosco por intermédio da 'Mão', purificando as células e abandonando qualquer idéia limitadora. As células do corpo refletem as condições e a circulação das energias etéreas da vida. Cada célula é como um barômetro, mostrando a saúde, a radiância da vida e a força dos ritmos superiores que você permite que fluam através de você. Quando o caminho para esses ritmos estiver livre, não haverá barreiras interiores."

"R" tornou a juntar-se a nós e eu senti a solidez do seu apoio, quando ele disse:

"Dentro do corpo de "A" não há zonas escuras, nada que impeça o fluir da energia; mas na 'Mão' há muitas."

Então, deu-me o maior auxílio que eu já recebera, dizendo:

"O seu trabalho no templo está sempre nas energias dos ritmos superiores de 'A'."

Tive uma grande sensação de alívio ao descobrir que as minhas fraquezas humanas não iriam se interpor no caminho do trabalho meditativo e da cura do templo. Depois, brotou uma nova pergunta: Se eu seria guiada com segurança enquanto estivesse no templo, dentro do corpo de 'A', por que precisaria de mais preparação? E "R" respondeu:

"Qualquer auxílio que lhe possamos dar para libertar o seu coração e a sua mente, bem como fornecer conforto para o seu corpo físico, durante a hora matinal no templo, irá torná-la mais forte e mais capaz de aceitar este trabalho, que deve ser realizado sem falhas, sob todas as circunstâncias, e dado com amor e alegria para compor esta hora."

"R" moveu os braços para formar um grande círculo e nós ficamos no centro de uma esfera. Ela se expandiu tão rapidamente que não deu tempo de pensar em mais nada. De onde eu estava, no centro da esfera, uma luz fulgurante encheu todas as áreas para onde eu olhasse. Então, as minhas velhas normas e distorções começaram a surgir como pontos escuros naquela luz. O meu preparo, aprendi, consistia em enviar, daquele centro poderoso, os ritmos superiores para dissolver as áreas escuras que estavam diante de mim – e a tarefa pareceu impossível. Então, uma voz disse:

"Uma por uma, com atenção total, somente na que estiver sendo trabalhada."

Tranqüilizei-me ao compreender que, mesmo quando não estou no templo, o meu Eu Superior está comigo e ainda posso aprender a deixar que a clareza da sua mente superior se manifeste. De repente, como uma das áreas ferisse o meu coração, eu soube por onde devia começar. Surgiu à minha frente uma cena com impacto total: Bertram estava sendo crucificado na cruz da minha dúvida e na carência da minha compreensão. Aos poucos, eu o vi ser nutrido pelas energias superiores do seu Ser Superior e percebi que ia sendo libertado pelo aumento da minha fé e pela minha dedicação àquele novo trabalho. Isso ajudou-me a afastar a minha rigidez. Pude enviar-lhe mais amor transformador do que jamais o fizera antes e, quando isso aconteceu, a cruz diante de mim transformou-se numa árvore em que as frutas cresciam para alimentar muita gente. A alguns, a árvore dava sombra e cada um que dela se aproximava recebia apoio, alegria e força interior.

O amor que eu enviava, e a minha aceitação daquele novo trabalho, inundou todo o meu ser de alegria. "R" falou daquilo como "uma luz na alma e cura no corpo."

No silêncio daqueles momentos, senti o júbilo daquela dádiva de amor. Então, compreendi o poder dos dois outros presentes recebidos. Minha gratidão fora o raio de luz sobre o qual o amor se adiantara, e nem o amor, nem a gratidão teriam sido liberados sem que o meu completo perdão alcançasse o meu eu consciente, que antes não tivera possibilidade de aceitar esses presentes. Enquanto eu repousava, com a suave brisa do mar refrescando o meu corpo e o sol relaxando-o, senti uma nova onda de gratidão. Compreendi que havia apagado o que parecera ser a zona mais escura de toda a minha esfera e preparara o caminho para uma maior confiança e fé na possibilidade de apagar outras zonas, quando a ocasião fosse propícia. Vi que o poder do perdão libertara-me e elevara-me para outro plano. As palavras de Jesus vieram-me à mente: "Ama teu próximo como a ti mesmo." E ouvi "A" dizer:

"É você mesma quem precisa ser perdoada. Então, o amor limpa o caminho, lavando qualquer necessidade de perdão, para os outros."

Pedi, animadamente, para continuar aquela preparação. "R" percebeu a mudança e entrou naquele sentimento aberto, dizendo:

"A força que vem do templo flui de você. Você tem sempre à mão o auxílio e a orientação diretos. Observe essas energias em ação e tome conhecimento da liberdade para um trabalho maior a ser feito. Nada desperta o eu, a não ser que isso seja ordenado por você. Quanto mais puros e mais elevados forem os seus pensamentos, maior será o auxílio que você dará a toda pessoa que encontra e isso, vindo do Eu Superior dessas pessoas, se refletirá em você. Guarde esse tesouro com toda a consciência e com amor não-possessivo."

Enquanto prosseguia a preparação, a ação se desenvolvia em todos os planos. Quando a minha hesitação e a minha dúvida deram lugar a uma clareza crescente, à afluência de energias superiores e de força interior, começou a abrir-se o caminho que me levaria a partilhar com outros as minhas experiências.

O pleno inverno não parecia ser a época indicada para aceitar um convite da Suécia, mas percebi que havia um propósito que ia além da simples idéia de participar de umas agradáveis férias com os amigos. Pedi orientação e "A" me assegurou que, realmente, a viagem tinha vários propósitos, incluindo algumas horas tranqüilas para o livro. Basicamente, o caso referia-se à necessidade de um catalisador para ajudar no desbloqueio de uma situação difícil no desenvolvimento de um centro de luz em potencial. Essa necessidade me foi salientada e, embora ao nível humano eu me sentisse completamente inadequada, comecei a admitir o trabalho e, em seguida, fiquei ansiosa para ajudar. Quando o impulso se tornou bem claro, eu o segui sem hesitação, abrindo caminho para que o trabalho de "A" e do meu Anjo da Guarda, "R", fosse feito com eficácia. De certo modo, a minha alegre aceitação abriu o caminho para que um incrível amor fluísse para as pessoas do lugar em que me encontrava. Vi uma luz radiante dentro de cada uma dessas pessoas, luz que tanto estava com elas como nos meus pensamentos. Ouvia palavras que vinham através de mim, ditas sob a proteção daquele amor reconfortante, e podia sentir a beleza e a graça da comunhão de cada Eu Superior ligando-nos no plano humano e libertando-nos para que nos sentíssemos abertos e seguros em nossa mútua confiança. Cada pessoa respondia com compreensão, clareza e amor, quando nos reuníamos para falar das coisas que precisavam ser esclarecidas.

No centro do grupo, havia quatro pessoas presas à teia por elas mesmas tecida, culpando uma às outras pela situação em que se envolveram. Em torno de cada uma delas havia leais partidários e, com isso, surgiam divisões naquela pequena povoação. Havia uma pessoa que poderia ter servido como catalisadora, se ela própria não se tivesse deixado apanhar pela sombra dos pensamentos enervados, que fecharam a passagem à clareza da ação criativa, assim como as montanhas escondiam o sol nesses dias curtos de inverno no pequeno vale. Era necessário uma pessoa neutra, imparcial, para prestar auxílio.

Tive uma visão de relance daquelas pessoas trabalhando juntas, em cooperação. Havia uma idéia fundamental em suas vidas, idéia que podia ao mesmo tempo ajudar o seu país e elevar um pouco as vibrações do planeta. Com essa visão bem clara diante de mim e sob o amor protetor dos nossos Eus Superiores e a aceitação dos nossos Eus Básicos, falei com cada uma delas. Ouvindo as suas opiniões e percebendo os seus sentimentos, percebi que, ao falar, elas, às vezes, encontravam respostas para as suas próprias indagações. Em outras ocasiões, percebi que as respostas vinham de algo além da minha mente aquietada. Mais tarde, eu não podia me lembrar das palavras que havia usado, mas sabia que elas haviam servido apenas para uma determinada pessoa.

O espírito do serviço amoroso entregue com alegria era forte e puro naquela povoação; energias superiores vinham daquelas pessoas. Vi esse espírito em ação muitas vezes, enquanto atendia às necessidades e prestava auxílio. Isso ficou especialmente claro na véspera do Ano Novo, quando um grupo de mulheres havia preparado uma deliciosa ceia para toda a povoação. Quase todos lá estavam com os seus hóspedes, formando um grupo de cerca de cinqüenta pessoas; aquela era a primeira vez que era planejada uma festa de Ano Novo. Foi uma noitada esplêndida, com manifestação abundante de talento – músicos excelentes, brincadeiras, jogos e risos, belas danças e troca de histórias. Depois de assistirmos à chegada do Ano Novo, percebemos que, devido ao terrível frio no fundo do vale (44 graus abaixo de zero) os carros não funcionavam. Fiquei muitíssimo agradecida a dois jovens atléticos que, de braços dados comigo, mãos bem quentes, protegidas com luvas, cobrindo o rosto, me acompanharam, animadamente, pela neve, até o lar aquecido onde eu estava hospedada.

Duas pessoas, cujos pensamentos sombrios lhes tinham causado frustrações, não haviam aparecido nos festejos do Ano Novo, mas, na última noite que passamos juntos, elas já haviam abandonado bastante os seus medos e formas-pensamento para se reunirem espontaneamente aos outros para uma bela partilha e meditação. Quando começaram a se aceitar mutuamente, houve uma grande alegria no que uma delas considerou milagre.

Quando pude confiar nos meus parceiros internos de modo mais completo, o trabalho no Templo da Totalidade tomou uma significação mais profunda e comecei a compreender como, pela cura, as barreiras podem abrir-se aos níveis mental e emocional. O poder e a beleza da energia cósmica que eu recebia todas as manhãs na minha meditação no templo, me capacitava cada vez mais a enfrentar os desafios do dia, livremente e com facilidade. Para a minha mente prática, terra-a-terra, a orientação contínua que me era dada sobre curas ainda parecia um pouco irreal. Mas era exatamente ali, na cura, que com maior freqüência eu recebia a confirmação do trabalho feito no templo, encorajando esta 'Mão' a dar, de forma mais integral, o seu tempo e a sua atenção.

Recebi a primeira confirmação real quando, milhares de milhas distantes de mim, um homem curou-se de modo incrível. Eu sabia que ele estava para operar um dos olhos. Então, certa manhã, ele veio ao meu templo interno. Numa vigorosa cerimônia de cura, recebeu uma bênção e, depois, repousou na luz radiante do corpo do seu Eu Superior. Alguns dias mais tarde, chegou uma carta dizendo-me que a operação fora feita no dia em que ele estivera no templo. Contava, também, que os médicos iriam examinar-lhe o olho todas as semanas e que, após o quarto exame, saberiam se haveria possiblidade de alguma visão nesse olho. Seguiu-se outra carta, dizendo que, depois do exame da primeira semana, os médicos haviam ficado estupefatos: o olho estava curado e o homem apresentava uma visão perfeita. Eu tive certeza de que muitas pessoas estavam orando por ele e mantendo-o na luz curativa, mas a minha própria parte naquela cura trouxe-me alegria e confirmação.

Sempre que surgia uma dificuldade para minha ida ao templo, era habitual que me dessem algum tipo de auxílio. Eu não compreendia se esse auxílio era para que o trabalho do meu Eu Superior prosseguisse ou se era apenas um processo de aprendizagem pessoal amorosamente oferecido pelo meu paciente Instrutor.

"Querida 'Mãozinha', seja menos desajeitada naquilo que cria. Veja a beleza atrás das aparências e enalteça-a. As comportas estão abertas quando seus ritmos estão em total receptividade; por isso você pode deixar mais facilmente que as vibrações superiores transmutem as inferiores. Nessa receptividade, você está também mais vulnerável às formas-pensamento e reações negativas. Purifique o seu coração e a sua mente, de maneira que, no momento em que se aproximar do templo, você possa deixar fluir a energia superior. Agora mesmo você se permitiu um falso senso de autojustificativa e ressentimento, que está apenas reproduzindo o mesmo modelo."

De vez em quando, eu tinha de fazer uma contagem regressiva, antes que a "Mão" pudesse ser purificada para o trabalho no templo. Havia vários métodos úteis de meditação e, quando eu não conseguia me relaxar, tentava aquele que me vinha à mente. Com maior freqüência, conseguia ir diretamente para o templo quando me concentrava na luz interior.

Embora eu nunca soubesse quem podia vir ao templo para a cura, eu poderia dizer se seria uma ou mais pessoas, pelo número de ajudantes que se juntavam a mim quando eu entrava. Todos os que se aproximavam do templo entravam primeiro pela porta principal e, ali, sob a bênção do Anjo do Portal, ficavam sempre em seu perfeito corpo superior de luz. Embora as casas-jardins das crianças ficassem ao sul dos terrenos do templo, Bertram dava a volta com as crianças para que o Anjo do Portal as abençoasse.

Certa manhã de primavera, eu havia deixado o templo há pouco quando senti que alguém se aproximava e fui recebê-lo. Bertram estava carregando em seus braços uma criança aleijada, Mary. Abençoada quando entrou, a pequenina ficou em seu corpo espiritual superior em radiante liberdade. Correu animadamente ao encontro do seu Anjo da Guarda, que ela parecia reconhecer quando ele se adiantou, vindo do centro do templo. Tive a noção do profundo laço existente entre eles quando, juntos, contemplávamos as limitações do corpinho que descansava no plano terrestre. Seu Instrutor pediu-nos que ajudássemos os pais a perceberem a importância do amoroso cuidado e atenção de que uma criança tanto necessita durante os seus primeiros anos.

Um auxiliar do templo anunciou a chegada de duas pessoas.

Na bênção da entrada, os dois estavam nos corpos do Eu Superior e manifestaram surpresa e júbilo quando viram a filha, Mary, de pé no seu corpinho adorável. O Anjo da Guarda de Mary deu-lhe as boas-vindas com estas palavras: "Aqui está um belo espírito esperando para se expressar. A responsabilidade pelo privilégio de trabalhar com ele é grande, ajudando-a para que o seu 'esplendor aprisionado' possa brilhar."

Voltando-se para a mãe, ele disse: "O bebê que você leva no ventre receberá grande benefício por causa do amor especial que dá a Mary nas energias que passam através das suas mãos. Pelo tratamento regular e pelo amoroso cuidado oferecido nesse tratamento, você verá a luz curativa passar através do seu corpo para Mary. Sua fé nessa luz afastará os medos e dissolverá as reações negativas."

Quando fomos naturalmente atraídos para os raios curativos da luz de âmbar sob o domo, formamos um círculo em torno de Mary e de sua mãe. O pai havia permanecido em silêncio, observando, e agora seguia o seu próprio Anjo da Guarda ao lado sul do templo. Junto a ele apareceu uma bela figura, sob uma luz suave e um amor que se estendeu sobre todos nós. Através da música branda e dos raios curativos do sol, que se derramavam das janelas coloridas, o Iluminado, com clareza e compaixão, falou ao pai da menina: "Esta pequenina trouxe-lhe um tesouro inestimável, porque, tomando agora a responsabilidade pelo seu desenvolvimento, a sua própria fé, sabedoria e energias superiores o levarão a um equilíbrio no plano de Deus para você como nada mais o faria. Com fé, deixe que esse privilégio traga a alegria nova para as suas vidas unidas. Nós, que guiamos e guardamos Mary, estamos com vocês em tudo quanto fazem. Abra seu coração para o Nosso Amor e para a Nossa Luz, e saberá o que é melhor fazer, quando entrar nessa aventura."

Lentamente, a luz modificou-se e o Anjo da Guarda de Mary liderou o caminho para o grande lago atrás do templo. Sua melodia era vibrante, quando ela entrou. Seguimo-la e nos reunimos à sua volta, nas energias da fonte. Tive certeza de que raios curativos estavam sendo enviados através dos nossos corpos adormecidos ou em repouso, e isso me atraiu para fora do que se passava no templo; mas, quando terminou a minha meditação, senti que o resplendor do templo ainda estava comigo. Do lado de fora da minha janela, os pássaros cantavam e o sol sobre as torgas e urzes das dunas era tão belo quanto as cores dos terrenos do templo.

Alguns dias depois, Bertram, junto com a mãe de Mary, trouxe novamente a menina ao templo. Mary havia recordado sua primeira visita num sonho. Bertram levou-as para os adoráveis jardins e para a área natural onde, para seu deleite, pássaros e pequenos animais se reuniram em torno delas. Fui reunir-me a eles, quando entraram, e foi então que, pela primeira vez, reparei numa sombra escura próxima à criança. Ela estivera de tal modo radiante que, olhando-a, não tínhamos visto a entidade que viera com ela. Mary pediu para ir ao lago. No caminho, quando entrávamos no santuário central, o Anjo da Guarda de Mary veio colocar-se em silêncio entre ela e a escura e sombria figura. Depois de uma curta parada, fomos para o lago. O meu Anjo da Guarda e o da mãe de Mary estavam bem perto dela. A sua melodia de vida, quando ela entrou no lago, era bela, mas aqui e ali pequenas notas agudas e discordantes apareciam como frustrações momentâneas. Quando o Iluminado apareceu e nos abençoou com o Seu amor, senti alegria e uma fé ainda mais profunda no trabalho curativo do templo.

Do lago, Mary foi levada para a "Sala de Cura Radiante" onde, nas energias curativas superiores, circundada por uma amorosa atenção, a entidade-sombra que estivera junto a ela recebeu ajuda e energia para seguir o seu próprio caminho. Quando ela se foi, Mary repousou por mais algum tempo, enquanto éramos todos abençoados pela Bem-Amada Presença.

Na hora da meditação, no templo, em todas as manhãs, a radiosidade e as purificadoras ações das energias superiores fluíam através do meu ser e ajudavam a transmutar o que quer que surgisse durante o dia, afastando, aos poucos, mais um tanto das reações negativas e procrastinação da minha vida, trazendo novas energias para o dia.

O templo era um lugar de cura, que se refletia em todos os níveis do ser da pessoa. Isso era necessário, já que as dificuldades, em qualquer área que apareçam, afetam todo o ser. O templo também era um lugar de purificação das energias e de grande aprendizado. Certa noite, eu havia pedido auxílio, para compreender uma questão desafiadora com que se defrontava um grupo. Esta foi a ajuda que recebi na meditação da manhã seguinte:

"O grupo recebe orientação interior quando todos os membros estão em sintonia com o seu Eu Superior no ser do grupo. Assim, o caminho fica livre para as respostas chegarem a ser partilhadas de forma variada e equilibrada. O grupo deve ser absolutamente claro quanto ao que está perguntando. Vejam a parede que estiveram erigindo, e removam-na tijolo por tijolo, deixando a luz passar e abrir o caminho, de forma que, com amor e confiança, possam ter a visão perfeita ou o modelo do ser superior do grupo. Isso permite que a função perceptiva do grupo seja elevada pela meditação e pela sintonia. Quando todos os membros se tornarem mais equilibrados no seu trabalho em conjunto, formarão um vínculo forte na cadeia do Ser de Findhorn."

Às vezes, principalmente em cartas, as enviadas pelos que costumavam estar comigo no silêncio matinal, eu recebia a confirmação das bênçãos dadas no templo. Quando para mim amanhecia, estava chegando a noite para os que estavam no outro lado do mundo, como se vê nesta carta:

"Na noite passada fui ao templo. Dessa vez, era eu quem estava buscando a paz daquele glorioso lugar; vinda da praia salpicada de espuma, subi pelo caminho através da beleza e frescor da cascata, seguindo daí para a área natural onde crescem as ervas medicinais criando uma atmosfera de acolhimento e refúgio, até chegar à grande porta onde o Anjo me recebeu, inserindo-me na totalidade do Templo. Você estava sentada a uma escrivaninha e, sentindo uma unificação instantânea, fomos juntas para o lago. Como são adoráveis o lírio e a luz que nos atraíram para fora, após algum tempo. Fortalecidas e jubilosas, nos dirigimos para as energias superiores da "Sala de Cura Radiante", do lado sul do templo. Logo Ra estava ali e 'B', assim como outros que se harmonizam conosco. Havia uma Presença que nos abençoou, sorrindo. Que amorosa gratidão senti nesse momento, pronta para voltar e viver tão integralmente quanto me é dado saber, participando aqui do trabalho do Plano Divino.

Durante os primeiros dias no templo, o meu Anjo da Guarda

continuamente me reforçava a necessidade de ficar totalmente livre para o trabalho que exigia tanta urgência:

"A sua tarefa, agora, é simplificidade e entrega. Você não precisa de confirmação, a não ser para libertar a sua mente prática a fim de que ela permita que você doe de modo completo a 'Mão' para o nosso trabalho em conjunto."

Meu encantamento e gratidão dirigiam-se para todas aquelas pessoas que, sem hesitação, permitiram que os poderosos raios cósmicos de cura fluíssem para despertar os centros curativos daqueles que eram trazidos até eles. Aprendi que os símbolos ou métodos usados eram de pouca importância; tudo quanto ajudasse à cura interior, em todos os níveis, tinha validade.

O meu Eu Superior, de uma forma ou de outra, sempre respondia às minhas perguntas sobre cura. Quando fiquei a imaginar se era certo levar a cura para uma pessoa que poderia estar terminando um padrão cármico, recebi esta mensagem:

"Deus não se importa com o método usado, desde que a pessoa que está fora do seu equilíbrio peça auxílio e esteja pronta para se modificar. Inspirada pelos seus Eus Superiores, a cura pode vir por meio dos médicos, curadores espirituais, pela correção física ou por outros meios."

Uma questão me intrigava. Como foi que Jesus, sendo o Cristo, curou os outros? A resposta veio num sonho. Eu estava de pé diante de uma grande caixa de vidro, num *planetarium*, dentro da qual havia milhares de minúsculas limalhas de ferro, espalhadas sobre uma superfície plana, como a de uma placa. Uma voz perguntou:

"Se isso fosse fisicamente possível, quanto tempo você levaria para formar, alinhando toda essa limalha, um padrão de raios perfeitos?"

Enquanto eu lutava com esse desafio, indagando a mim mesma por onde uma pessoa começaria, o meu filho apareceu ao meu lado como quando era criança, e, com o dedo, empurrou um botão.

A superfície começou a vibrar por baixo dos magnetos que estavam sob a placa e, em segundos, toda a limalha fora atraída para formar um perfeito padrão de raios. A voz continuou:

> *"O método e a energia são uma só coisa. Cristo podia ver o padrão perfeito de cada pessoa e, com a ilimitada energia de Seu amor transformador, Ele dirigia as células do corpo para que voltassem ao padrão perfeito. Fé, aceitação e prontidão para procurar ajuda e para mudar é o que é necessário para essa cura."*

Na manhã seguinte, quando a meditação começou, "A" referiu-se ao sonho, dizendo:

> *"A chave para a cura está escrita sobre o seu coração e a sua mente. A cura ainda é um mistério para você, mas o seu conhecimento irá se esclarecendo enquanto você espera pela libertação e a aceitação."*

No trabalho do templo, à hora matinal, eu nunca senti nenhuma hesitação, mas, às vezes, no decorrer do dia, havia ocasiões de dúvidas com relação ao propósito, à necessidade e até mesmo à realidade do trabalho de meditação no templo. Certa manhã, quando entrei na minha hora de silêncio, tanto o meu Eu Superior como Bertram estavam à minha espera. Depois de me saudar, "A" perguntou:

> *"A que ponto você chegará antes que a verdade nasça em você e possa aceitar totalmente o nosso trabalho em conjunto?"*

Aquele desafio, feito de modo tão direto, produziu um choque em mim. Eu não havia compreendido, até aquele momento, a extensão da minha abertura para os pensamentos negativos e a falta de confiança. Senti o conforto do amor de Bertram quando ele disse:

"Sara, porque você deixa o seu eu postar-se deliberadamente no caminho? Deixe que o trabalho seja feito com o júbilo e o espírito leve da sua esplêndida parceria. Estou aqui com você, em dedicação, na escalada e na liberação da vontade superior, de forma que as pessoas possam ser ajudadas para conhecer a verdade. Isso lhe mostra que cada um de nós pode trabalhar de ambos os lados. Embora o seu trabalho seja basicamente no plano terrestre e o meu seja aqui, trabalhando com os que vêm, podemos, cada um de nós, ir para o outro plano, assim como você vai ao templo e eu estou com você em espírito."

Felizmente, Katharin, o meu Eu Básico, estava de pleno acordo com "A" e mostrou a sua cooperação, acordando-me às 4,30 todas as manhãs. Animava-me a me preparar para a hora da meditação, de modo que nunca deixei de estar no templo durante uma parte ou todo o tempo da hora de silêncio. Certa manhã, "A" disse:

"Assim como você vive no seu corpo-templo, observe, também, que está sempre no Templo da Totalidade, em associação conosco. Desperte para os grandes tesouros que estão à sua volta e para a influência que você tem sobre Katharin e sobre Nós. Cada momento conscienciosamente usado, deixando que o Nosso trabalho seja feito, é como um seixo que cai sobre um lago de águas tranqüilas, formando ondulações com a energia do amor e expandindo-se em padrões perfeitos, sempre novos, enquanto o impulso permanece. As energias que fluem através e em torno da terra estão inextricavelmente interligadas; faça-se uma com elas. Não é o coração, mas a ação por seu intermédio que é importante; não o tear, mas a tessitura do seu amor criativo. Mas, a não ser que o coração e o tear sejam fortes, a energia não pode surgir de forma clara e verdadeira."

Num sonho, eu caminhava por uma alameda que passava por entre árvores novas, recendendo à frescura das folhas novas da primavera. Um rapazinho aproximou-se de mim; ele trazia um livro sobre o qual estava fixada uma magnífica pedra preciosa. Ele possuía uma radiância interior, uma beleza etérea. Perguntei-lhe onde tinha encontrado aquela fascinante pedra preciosa e ele disse que a trouxera consigo como um presente especial para a sua família. Deixou-me tomá-la nas mãos por um momento, e eu senti a sua energia penetrar o meu corpo com amor de cura e compaixão. Pensei na radiância do Templo da Totalidade e compreendi que aquela pedra devia ter ali o seu lugar, símbolo do amoroso cuidado que devemos dedicar uns aos outros.

Quando segurei a pedra, vi o título, *A Roda da Eternidade.* Vi, quando o rapaz me disse o seu nome, que ele desejava que aquele livro fosse enviado a sua família. Acordei com a sensação de que algo especial iria acontecer.

Naquela manhã, no silêncio da meditação, o rapazinho foi levado ao templo, o seu corpo seriamente retardado. O Seu Anjo da Guarda adiantou-se e recebeu-o sob o Anjo do Portal. Uma paz gloriosa encheu todo o templo, quando os pesados entraves que o prendiam foram soltos, afastando-se como duas sombras escuras. Dois dos Anjos da Guarda vieram se postar entre as sombras e o moço, mantendo-os em poder do seu amor, quando entramos no santuário central. O moço caminhou para a frente, em direção de um feixe de luz branca, no qual a figura iluminada de "C" apareceu, abençoando-o. A paz daquela bênção permaneceu conosco, enquanto "C" liderava o caminho para o lago da energia. Ali, as sombras tomaram identidades mais claras; uma delas, a mais escura, esforçava-se para impedir que o moço entrasse nas curativas energias do lago; a outra, mais delicada, envolvia-o com sua proteção. O grupo do templo apoiava amorosamente o moço, quando ele entrou no lago e permaneceu sob as refrescantes e curativas energias da fonte. Ali, o seu próprio Anjo da Guarda lhe disse:

"Estou com você na doação dessa pedra preciosa à sua família. Aos poucos, agora, o véu será levantado, quando estas duas sombras forem libertadas para seguirem o seu caminho. Elas o mantiveram fiel à dádiva que você veio trazer. Neste caso, há uma interligação íntima de energias superiores, de forma que o amor transformador, aqui neste templo, ficará com você, libertando-o para seguir em direção às vibrações superiores do seu perfeito plano interior."

O moço seguiu, com o grupo, para a "Sala da Cura Radiante", onde os raios curadores passavam através do seu corpo repousado, para soltar um pouco de força que o prendia. As entidades-sombras receberam energia abundante e foi-lhes mostrado o caminho que deviam tomar para o seu maior bem. Antes de deixar o templo, o moço tirou do seu manto uma pedra preciosa de um verde vibrante, que possuía poder curador, e colocou-a num pequeno altar, no grande santuário natural, sob os raios diretos do sol.

Eu caminhei durante algum tempo, deleitando-me com a beleza dos jardins e da área natural. Ali, o meu Anjo da Guarda veio a mim e disse:

"A cura que está ocorrendo no seu coração é o símbolo do grande amor do templo, cujas portas são abertas a cada manhã para todos os Eus Superiores, que precisam desse auxílio para os corpos com os quais estão ligados em amoroso cuidado. O moço foi trazido ao templo como uma confirmação de quem tem profunda percepção e compreensão da dádiva que traz. Aceite integralmente o seu trabalho como catalisadora no reino deste templo. Com respeito e encanto, faça com que assim seja."

Daí em diante, eu senti um empenho maior e maior realidade e aceitação do trabalho, quando tomava parte, a cada manhã, nas atividades do templo. Às vezes, surgiam as pessoas que haviam deixado os seus corpos terrenos devido a acidentes ou doenças súbitas, com dificuldades para se adaptarem à nova fase da sua vida. Habitualmente, porém, vinham para cura ou equilíbrio, e voltavam revigoradas para os seus corpos. Muitos dos que vinham eram desconhecidos para mim; mas, no poder e na beleza das energias do templo, isso fazia pouca diferença. Cada um tinha uma carência individual e uma expressão individual. Dos muitos que vieram ao templo, alguns destacaram-se, particularmente, como incomuns, talvez por causa da minha própria resposta a eles.

Certa manhã, ao chegar ao templo, encontrei um homem que eu conhecia esperando junto à entrada. Estava atravessando um período de tensão emocional e eu me senti profundamente preocupada com ele. Quando lhe perguntei se gostaria de entrar no templo, respondeu: "Não, eu quero andar junto ao mar."

Senti, bem dentro de mim, que ele precisava das energias do meu Eu Superior e, assim, pedi-lhe que viesse ao templo antes de ir para o mar. Abri, suavemente, as portas da luz dourada, grata pelo poder curativo do templo, e perdoei a mim mesma pela insegurança. Sob os raios de cura do Anjo do Portal, nós dois ficamos protegidos na luz e no amor dos nossos corpos superiores, ao descermos os declives que levavam à praia. Para minha surpresa, vi que estávamos andando suavemente sobre um belo tapete de musgo. Admirada, eu disse que não sabia da existência daquele caminho ali. E o homem respondeu que o caminho não existia, que ele o estava criando à proporção que nós caminhávamos.

Compreendi que, enquanto aquele homem ia ganhando auxílio e equilíbrio, outra dádiva estava sendo oferecida por ele para ser gozada por todos os que passassem por aquele caminho. Disposta no centro dessa ação, pela primeira vez tive a percepção de que as energias que emanavam do seu amoroso presente eram as mesmas que o estavam curando.

Um acontecimento desafiador ocorreu durante um período de nove meses. C.N. era um esplêndido jovem, amado pelos seus companheiros e bem-sucedido em seu trabalho. Certa manhã, ele foi trazido ao templo, onde a bênção do Anjo do Portal libertou-o do seu corpo dolorido para a visita ao lugar. Mais tarde, eu soube que ele havia perdido as forças e descobriu-se que tinha um tumor no cérebro.

No seu Eu Superior, vimos raios de energia curativa passarem, do néctar que ele estava bebendo, através de uma linha de luz, para o seu corpo, enquanto, com amoroso cuidado, o seu Eu Básico recebia auxílio para restaurar um pouco da sua força. Na área natural, com os raios curativos mais indicados para as suas necessidades, o jovem foi recebido pelo seu belo Anjo da Guarda:

"Nas zonas superiores do nosso Ser, ocorre uma ação de vida mais profunda, quando o seu coração e a sua mente são fortalecidos para o trabalho a ser feito no plano da terra e na região do seu ser superior. Estamos com você em todas as modificações que virão, regozijando-nos com os seus progressos, enquanto o ajudamos a construir a sua fé, sabendo que tudo está certo."

Foi explicado ao jovem que a perturbadora dor que sentia era causada pelas células que estavam sendo atraídas de volta ao seu modelo natural, para a preparação de um trabalho maior a ser feito.

Naquela primeira manhã, todos os que lhe eram próximos na vida haviam vindo para estar com ele no santuário central, quando lhe foi dada a bênção do amor de cura da presença de Cristo. Sentimos esse amor estender-se para incluir-nos a todos nós no templo, dando-nos a dádiva do grande amor como uma força a mais para a sua terrífica prova.

Durante as suas visitas ao templo, C.N. foi preparado pelo seu Anjo da Guarda para a viagem que o esperava. Todas as coisas que bloqueavam o seu caminho foram-lhes mostradas, bem como as formas de removê-las. Certa manhã, seu Anjo da Guarda explicou:

"O amor espiritual é sempre construtor, nunca possessivo... Esta cura não é apenas para o corpo que será abandonado, mas para o que irá permanecer."

Quando ele aceitou essa condição sem queixar-se e com percepção interior da presença de Cristo, pôde resolver os seus problemas, obtendo no seu trabalho uma promoção que manteria a sua pequena família. Assim, teve a mente liberta para aceitar o trabalho que estava à sua espera na região que havia visitado. Em seu profundo amor pelos próprios filhos, pediu que, ao vir para o templo, lhe fosse permitido ficar com Bertram nas casas-jardins das crianças.

Certa manhã, meses depois, o apelo do templo foi mais forte que de costume. Encontrei C.N. à entrada e percebi que ele estivera aguardando ali por muito tempo. Bertram estava com ele, bem como os seus avós e amigos íntimos, que haviam chegado para recebê-lo. Ele pediu para ir diretamente para o lago e, no seu reflexo, ficamos conscientes de uma nova radiância em seu espírito. A melodia da sua vida, que antes havia sido lamentosa, era, agora, uma adorável sinfonia de notas sintonizadas. Nós nos reunimos na fonte, enquanto as energias curativas fulgurantes derramavam-se sobre ele. Depois, o seu Anjo da Guarda falou:

"C.N., esta é, para você, a mais importante experiência de todos os tempos. Use estas energias par criar toda a próxima fase da sua vida, pois acaba de nascer aqui, vindo do útero terreno, que lhe proporcionou o crescimento e a preparação para este novo nascimento. Você está em contato com os seus próprios Instrutores Internos e permanece aqui, dentro do corpo do seu Eu Superior, neste Templo da Totalidade. Crie um serviço perfeito, felicidade e harmonia, com os ilimitados recursos que Deus tem prontos para o seu uso. Crie luz e beleza, não permitindo que a energia negativa deforme o corpo que está sendo preparado para nascer. Alegria, sabedoria e amor transformador o envolvem."

Raios de luz curativa circundaram-no, quando ele deixou o templo com Bertram e com os outros que haviam vindo para estar com ele.

Uma semana depois, deram-me a notícia de que C.N. havia morrido cerca de seis horas antes do meu encontro com ele na entrada do templo, e compreendi por que tive aquela impressão de que ele esperara por muito tempo. Senti-me confortado ao saber que fora ficar com Bertram, que podia ficar entre as crianças, na beleza e no desafio do seu trabalho conjunto nas casas-jardins das crianças.

Agora, é mais fácil para mim compreender o propósito dos anos de preparação voluntária, abrindo todas as manhãs o caminho para o Templo da Totalidade, a fim de ajudar os muitos que para ali iam e a interligação superior de todos nós, em beleza e graça. Ao descrever estas experiências para compartilhá-las com vocês estou, finalmente, desobrigada de indagar por que isso é importante; estou livre da hesitação e da dúvida.

Diante de mim, "R" apareceu com um tapete mágico para a jornada que faremos junto nos anos vindouros.

APÊNDICE

APÊNDICE

Ritmos, Exercícios e o "Padrão da Vida", em sua simplicidade e beleza, são algumas das coisas tangíveis que me ajudaram a compreender e a usar mais as ilimitadas energias que estão disponíveis, através da nossa cooperação com os parceiros internos, na totalidade do nosso Ser.

Os Sete Ritmos Principais

Descobri nos ritmos a forma pela qual eu podia focalizar a minha atenção sobre as energias superiores ou, pelo menos, não trabalhar contra elas. A compreensão disso me ajudou a descobrir por que sinto e respondo da maneira como o faço.

Não tendo prática de ritmos, raramente me recordava de segui-los, até que, de repente, me vi irritada, cansada ou menos eficiente do que de costume. Então, quando tinha a idéia de ver o gráfico, invariavelmente encontrava o padrão externo dos meus sentimentos interiores muito claramente representado. Quando pude descobrir que estava exigindo demais de mim mesma na hora errada, consegui liberar-me das tensões e, com um pouquinho de cuidado, consegui colocar novamente a minha atenção em foco.

Logo aprendi a planejar com antecedência, tanto nos períodos baixos quanto nos altos, para usar melhor a energia e, assim fazendo, relacionei-me melhor com as pessoas e realizei muito mais, com facilidade e alegria. Aos poucos, descobri que para ser eficiente, a maior parte do tempo, bastava dar uma olhadela no gráfico para obter as informações corretas e fazer os reajustes necessários ao meu programa. Nos períodos mais receptivos, assim como nos mais ativos, o meu corpo respondia livre de tensões, com renovada energia e clareza mental. Minha experiência, porém, levou-me a crer que é no Quarto Ritmo, o da harmonia ou intuição refletida, que deveria ser posta a ênfase da humanidade nesta década de 80.

Quando estou consciente dos sete ritmos principais e das suas qualidades, fico mais capacitada para me manter todos os dias em contato com as energias superiores, porque cada combinação equilibrada dos ritmos traz seus próprios tesouros.

Os BIORRITMOS formam o tear no qual são tecidos, dia a dia, os ritmos superiores da tapeçaria da nossa vida. Muito tem sido escrito sobre biorritmos, de forma que, aqui, darei apenas uma breve descrição. Os biorritmos têm os seguintes ciclos:

Físico. Sétimo Ritmo. Manifesta-se através da força etérea que mantém as células e fibras físicas no seu padrão.

Ciclo de 23 dias	ativo	cruzamento (*cross-over*)	receptivo	cruzamento
	10 1/2 dias	24 horas	10 1/2 dias	24 horas

Na fase ativa, o corpo físico tem mais resistência e energia. Quando a fase é receptiva, ou regeneradora, ele fica mais aberto para a cura e para o tranqüilo fluxo de energia.

Emocional. Sexto Ritmo. Manifesta-se através das células nervosas.

Ciclo de 28 dias	ativo	cruzamento	receptivo	cruzamento
	13 dias	24 horas	13 dias	24 horas

Na fase ativa, o corpo emocional tem os nervos mais firmes, os relacionamentos são mais fáceis. O receptivo é um período mais tranqüilo, mais revigorante para os nervos, a não ser que estejam sob pressão.

Mental. Quinto Ritmo. Manifesta-se através das células cerebrais.

Ciclo de 33 dias	ativo	cruzamento	receptivo	cruzamento
	15 1/2 dias	24 horas	15 1/2 dias	24 horas

Na fase ativa, o corpo mental tem percepção mais aguda e julgamento preciso. Quando a fase é regenerativa, ele torna-se mais receptivo às energias criativas superiores.

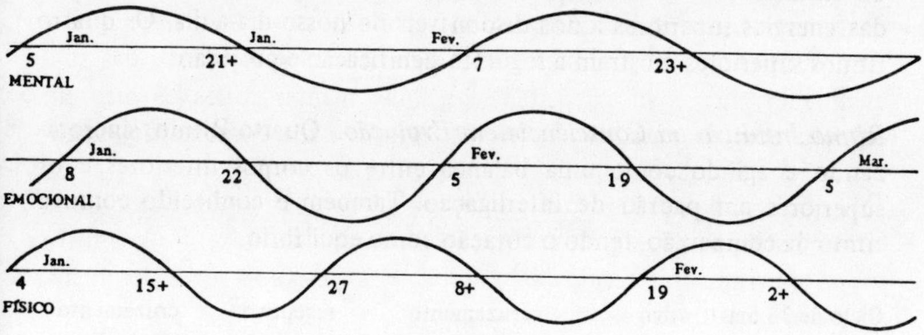

As linhas retas indicam os pontos nos quais a marcha vibratória muda, entre as fases ativa e receptiva, quando os ritmos se entretecem. Quando o ciclo tem um número ímpar de dias (p. ex. 33) há dois meios dias extras nos quais a fase de cruzamento começa 12 horas mais tarde. Isso está indicado no gráfico por um sinal de adição (+).

Os dias de cruzamento, ou críticos, são os períodos de mudança, que começam na hora do nascimento da pessoa. As células estão mais abertas durante essa mudança, movendo-se de um lugar para outro, de maneira instável, entre ativo e receptivo, como a mudança de marchas num carro. Durante esse tempo, quando é dada atenção ao ponto mais alto de conscientização que pode ser atingido ou aos ritmos do Eu Superior, podemos abrir caminho para um magnífico fluxo de energias curativas e criativas. Em grau menor, estamos mais abertos para essas energias durante toda a fase receptiva ou regeneradora de cada ciclo.

Num cruzamento duplou ou triplo, quando dois ou três ritmos se cruzam no mesmo dia, ou estão muito próximos, a pessoa fica muito aberta às vibrações mutáveis. Deve-se ter um cuidado especial, buscando-se uma harmonização com a força interior dos poderes curativos e criativos, que ajudam a manter a pessoa em equilíbrio.

Os Ritmos Superiores

Depois que eu havia trabalhado com os três biorritmos durante algum tempo, uma nova porta abriu-se para revelar as energias superiores e a interligação dos sete ritmos principais do Ser de uma pessoa. Em meditação, mostraram-me os Ritmos de Ouro, ou os Ritmos Superiores do ensinamento interior, que traziam uma compreensão muito maior das energias superiores a nós disponíveis no nosso dia-a-dia. Os quatro ritmos superiores mostram a seguinte significação e projeção:

Ritmo Intuitivo ou Consciência em Evolução. Quarto Ritmo, sincronizando e agindo como uma balança entre os corpos inferiores e os superiores em padrão de interligação. Também é conhecido como o ritmo da compaixão, tendo o coração como equilíbrio.

Ciclo de 38 dias	ativo	cruzamento	receptivo	cruzamento
	18 dias	24 horas	18 dias	24 horas

Ritmo do Mental Superior. Terceiro Ritmo, Luz da compreensão, do conhecimento, da fé e da energia criativa.

Ciclo de 43 dias	ativo	cruzamento	receptivo	cruzamento
	20 1/2 dias	24 horas	20 1/2 dias	24 horas

Ritmo do Amor Superior. Segundo Ritmo, amor incondicional e não-possessivo, que cura e transforma. A ação desse Segundo Ritmo só pode ocorrer quando esse amor tem permissão para passar, através de nós, para todas as pessoas e coisas, da mesma forma como o sol brilha para todos.

Vontade Superior. Primeiro Ritmo, modelo ou verdade perfeita do nosso Ser, com o qual nos harmonizamos.

Ciclo de 53 dias	ativo	cruzamento	receptivo	cruzamento
	25 1/2 dias	24 horas	25 1/2 dias	24 horas

Quando os ritmos superiores são confirmados de forma maravilhosa nos níveis exteriores, podemos ver a significação mais profunda nos gráficos dos biorritmos. De início, os ritmos superiores parecem inspirar um respeitoso temor e dão a impressão de serem inabordáveis a partir do nível humano. Quando, finalmente, ouvi e comecei a ver a sua realidade em nossas vidas, personifiquei os três ritmos superiores como sendo linhas retas e douradas nos gráficos e o Quarto Ritmo como uma linha escura, qualidade bastante desconhecida em minha vida. Apesar disso, sabia que ele era uma chave vital que eu poderia aprender a usar através da escuta silenciosa, da meditação ou nos momentos intuitivos, quando podia me harmonizar com as pessoas e coisas que me rodeavam. Certa manhã, deram-me esta indicação referente à intercomunicação dos ritmos:

> *"O Sétimo Ritmo – do corpo físico – seria tão perfeito quanto o padrão perfeito do Primeiro Ritmo se, em vez de distorcê-lo com pensamentos e reações negativos, você deixasse que a luz e o amor superiores fluíssem, trazendo saúde radiante para todos os níveis."*

Continuei a usar as linhas retas e douradas durante algum tempo, embora o meu Instrutor Interno, de diferentes maneiras, indicasse o arco-íris e as suas cores:

> *"Se você seguir os ritmos dos ciclos de ouro, irá vê-los erguerem-se suavemente sobre você como o sereno ARCO do arco-íris e passarem majestosamente em torno do seu ponto de partida, que você não pode ver, a não ser que esteja bastante acima da terra. Eleve-se com esses ritmos ao iniciar o dia e repouse com eles, à noite; eles são completos."*

Finalmente, um dia, quando eu estava explicando os ritmos, a luz surgiu e eu tentei traçar os ritmos com as cores do arco-íris. As implicações eram excitantes, porque falavam de uma história inteiramente nova, de interação superior. Os ritmos superiores de luz e amor desceram, com suas cores douradas, para os corpos mentais e emocionais, enquanto o azul do ritmo emocional foi elevado para se tornar a luz e o amor dos ritmos do Eu Superior. O verde do ritmo mental elevou-se para se fazer a cor do ritmo intuitivo, o equilíbrio entre as três cores quentes dos corpos inferiores e os azuis e violetas dos ritmos superiores.

Quando alcancei esse ponto, recebi uma confirmação muito real por parte de um amigo, que me enviou uma explicação muito mais compreensível dos sete ritmos. Percebo que esta é uma era em que o conhecimento dos ritmos do Eu Superior é importante, porque eles abrem a porta para as considerações mais amplas, para uma maior criativi-

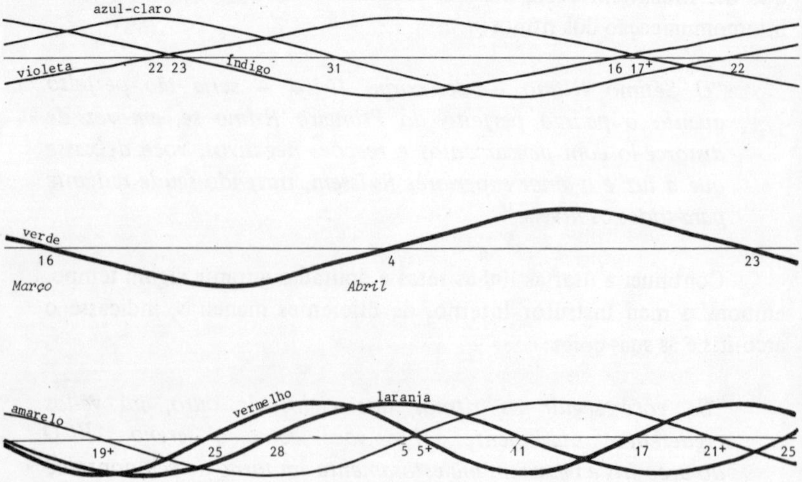

dade e compreensão do nosso potencial. Quando nós próprios abrimos o caminho, o amor transmutante do nosso Eu Superior nos protege e nos capacita a tomar parte na construção de um mundo novo:

"Todos os que buscam encontrarão o calor e o amor na grande luz dos Ritmos Superiores, a luz da compreensão que mostra o caminho. Repouse tranqüila nesses Ritmos que estão sempre à espera de aceitação; harmonize-se com eles e permita que eles entrem em ação na sua vida."

Exercício

O exercício feito regularmente é essencial para a liberdade de movimentos e para a saúde e harmonia interior do corpo. A flexibilidade do corpo é estabelecida no início da manhã e é obtida através de exercícios que esticam suavemente todo o corpo; então, ele relaxa e fica pronto para a meditação, para sentar-se em atento silêncio, ouvindo o Instrutor Interno, e para passar o dia com jubiloso entusiasmo.

No momento de acordar, o meu Eu Básico me traz a consciência plena do dia que se inicia. A série seguinte de exercícios fáceis continua o processo de despertar, e sou ajudada a me levantar por meio desses exercícios, sem ter que fazer esforço para estar de pé às 4,30 da manhã, e esse auxílio do Eu Básico é muito importante. Cada pessoa descobrirá, depois que tiver experimentado os benefícios, quais são os melhores exercícios para uma existência cheia de vitalidade. Ofereço, aqui, uma série de exercícios simples, que me ajudaram a permanecer sadia e ágil.

Antes dos exercícios, centralizo a minha atenção num ponto de luz no meio da minha testa e peço uma bênção para o meu corpo e para o meu Eu Básico, que trata dele tão bem. Retiro os travesseiros e as cobertas, conservando apenas um lençol leve sobre mim e deito-me de costas, com os braços justapostos ao corpo. É muito importante respirar normalmente durante todo o exercício.

Exercício I

Girem os pulsos e os tornozelos no movimento dos ponteiros do relógio doze vezes; depois, façam o mesmo movimento giratório, dozes vezes, no sentido anti-horário. Ao mesmo tempo, virem a cabeça lentamente, o mais que puderem, para a esquerda e depois para a direita, acompanhando os movimentos dos pulsos e tornozelos, primeiro para a direita, depois para a esquerda. De início, a minha atenção ia para as mãos e os pulsos ou para a cabeça, e o resto do corpo perdia a sua ação mais profunda; mas, finalmente, aprendi a imaginar-me acima do meu corpo, observando todas aquelas ações, simultaneamente. O resultado foi o sincronismo de que eu precisava e que, em si mesmo, representou um exercício interessante.

Exercício II

Ainda deitados, de costas, estiquem o mais que puderem o braço e a perna de um lado do corpo, voltando a cabeça para esse lado, ao mesmo tempo retesem o outro lado. Depois, façam o exercício com o outro lado do corpo. Façam isso seis vezes de cada lado.

Exercício III

Empurro o lençol e faço um vigoroso exercício de bicicleta, terminando por sacudir as pernas para o alto, depois para baixo e para o chão, o que me põe facilmente de pé, pronta para a ação. Isso dá uma sensação de levitação.

Começo o dia com uma bebida quente num cerimonial: chá de ervas ou uma bebida feita com melado grosso. Com profundo respeito, peço uma bênção para a bebida e para o meu corpo, juntamente com os seus parceiros cooperadores, para que estejam fortes e preparados para levar adiante, alegremente, o trabalho que é inspirado na hora silenciosa, ou durante o dia. Faço os meus agradecimentos:

Pela bebida, pelas suaves chuvas da terra, por suas águas poderosas e pelo Espírito da Água:
Pelo fogo na lareira, pelo sol que sustenta a vida, pelo calor e a luz do Espírito do Fogo.
Pela saúde e pela força, pelos alimentos da terra, pela harmonia dos povos da terra com os Espíritos da Natureza.
Pelo ar fresco que respiro, pela atmosfera protetora, pelo Espírito do Ar, pela Respiração da Vida.

Depois do banho, faço alguns ou todos os seguintes exercícios, para esticar e fortalecer todo o corpo, especialmente o pescoço, as costas e a coluna, preparando-me para a meditação. Quem não estiver habituado aos exercícios, deve começar a fazer cada exercício apenas duas ou três vezes e ir aumentando o número de vezes aos poucos. Os exercícios devem ser sempre feitos no chão, sobre um cobertor ou um colchonete fino, nunca na cama ou em superfície macia, a não ser os exercícios matinais.

Exercício I

1. Sentados no chão, com as pernas juntas, estiquem-se para a frente, retos, começando com a parte baixa do abdômen, que deve ser levada para as coxas; depois, estendam as mãos para a frente, tão confortavelmente quanto possível, e agarrem as pernas. Mantenham essa posição firme durante cinco a quinze segundos, mantendo os joelhos retos e encostados no chão. Respirem normalmente durante esse esticamento, mas

respirem profundamente antes de voltarem à posição anterior e, então, retomem lentamente a posição inicial. Nunca se sentem rapidamente.

2. Façam o mesmo exercício estendendo-se, se possível, até os tornozelos e mantenham-se assim durante o mesmo espaço de tempo.

3. Se conseguirem fazer isso sem cansaço: agarrem as solas dos pés, perto dos calcanhares, mantendo os joelhos retos e encostados no chão, como nos dois exercícios anteriores. A prática regular desse exercício, pela manhã, resulta numa maior flexibilidade. Embora seja melhor fazer os exercícios pela manhã, eles podem ser feitos a qualquer hora do dia, exceto após as refeições.

Exercício II - Estiramento das Costas

1. Comecem deitando-se de bruços, as mãos cruzadas atrás das costas, o queixo tocando o chão. Levantem a cabeça e o peito o mais alto que puderem e mantenham-se assim de três a cinco segundos. Repitam duas ou três vezes.

2. Com a cabeça voltada para um lado, pousada sobre uma toalha, levantem uma perna, com o joelho reto, o máximo possível e mantenham-se assim durante cinco segundos; depois, baixem a perna. Façam isso três vezes com uma perna, depois com a outra, ou alternadamente.

3. Com as mãos ainda cruzadas nas costas, levantem a cabeça e as duas pernas ao mesmo tempo, mantendo os joelhos retos. Contem lentamente até cinco e repitam o movimento mais duas vezes.

Exercício III - Para os Olhos

Pode ser feito a qualquer hora do dia. Muitas vezes eu o faço exatamente antes da hora da meditação.

Sentados numa posição confortável, olhem para cima e, lentamente, movam os olhos como se estivessem seguindo os ponteiros de um imenso relógio, fazendo uma pausa em cada um dos doze números. Isso pode ser feito várias vezes, mas comecem com duas ou três vezes em cada direção, até que os músculos dos olhos fiquem mais fortes.

Exercício IV - Cabeça e Pescoço
Movam-se lentamente, esticando-se.

1. Lentamente, deixem cair o queixo sobre o peito e levantem-no duas vezes.

2. Joguem a cabeça para trás, para tocar a espinha ou até onde conseguirem, e voltem à posição normal.

3. Inclinem a cabeça para o ombro esquerdo e, lentamente, tornem a levantá-la; depois, façam o mesmo movimento para o lado direito. Façam isso duas ou três vezes em cada direção, ou alternadamente.

4. Abaixem o queixo para o peito e, lentamente, rolem a cabeça no movimento contrário ao dos ponteiros do relógio, tocando o ombro, as costas, o ombro, o peito, duas ou três vezes. Depois façam o mesmo na direção dos ponteiros do relógio.

Exercício V - Fortalecimento Abdominal
De pé, com pés afastados cerca de 30cm um do outro, os joelhos levemente flexionados, as mãos nas coxas, respirem profundamente e exalem o ar fortemente, pelo nariz. Depois, encolham o abdômen para cima e para dentro, mantendo-o assim de três a cinco segundos. Ao expirar, relaxem os músculos e repitam o encolhimento para dentro e para cima três ou quatro vezes. Inspirem e relaxem. Todo o exercício pode ser repetido se for feito sem causar desconforto e se for útil.

Nessa rotina geral, eu introduzo outros exercícios de vez em quando. Exercícios que faço regularmente são as posturas do ioga do arado e da vela. Depois deles, faço exercícios de estiramento da espinha; para estes, podem estar deitados no chão, arqueando as costas com o topo da cabeça e os quadris suportando o peso do corpo. Mantenham-se na posição por alguns segundos; depois encostem-se de novo no chão e descansem.

Exercício VI - Exercício de Repouso
Eu faço sempre este exercício para terminar.

Deitada de costas, dobro os joelhos e planto os pés firmemente no chão, a uns 30 centímetros de distância um do outro, com os joelhos se tocando e as mãos descansando calmamente sobre o abdômen. Relaxo nessa posição, que é excelente para todo o corpo e pode ser usada a qualquer hora, quando alguns momentos de relaxamento são necessários.

Meu Instrutor Interno animava-me para o exercício regular, e falou disso como se fosse uma prece do corpo, dizendo:

> *"Há um vínculo direto entre o exercício-prece e a nossa comunhão. Ambos estão conosco e ambos refrescam e revitalizam todos os três corpos inferiores. Na calma que liberta os corpos físico e emocional, há clareza de visão e liberdade para o ritmo do Amor trazer cura e energia criativa para a ação e para dar força a fim de enfrentar os desafios que o dia venha a trazer."*

Padrão de Vida Simplificado (Como Fazer o Xale Mencionado no Capítulo II).
Muitas pessoas pediram o belo modelo que, para mim, é um símbolo da simplicidade do nosso padrão de vida com seu equilíbrio de espírito, mente e corpo.

Mohair é o material perfeito para usar nesse modelo. São necessárias agulhas bem grandes, agulhas médias e pequenas. Para um cobertor pequeno, ou uma estola, monte 80 pontos com as agulhas menores (mais ou menos de acordo com o tamanho desejado, mas sempre em número par). Tricote um ponto meia e um tricô, alternadamente, para fazer uma barra canelada, tendo entre quatro e seis carreiras, para dar firmeza à bainha. Passe para as agulhas grandes a fim de tricotar a carreira inicial.
CARREIRA INICIAL – Faça um ponto meia, mantendo a linha à frente e, em seguida, um tricô. Continuar assim durante toda a carreira.
CARREIRA MODELO – Faça um ponto meia e, a seguir, mantendo a linha para a frente, tricote dois pontos juntos. Continue com esse padrão até que a peça tenha de 10 a 12 centímetros.

Considero aconselhável fazer, a cada 10 ou 12 centímetros,

algumas carreiras em meia e tricô (faça uma carreira em tricô e uma em meia, alternadamente) para dar fimeza ao modelo.

Para começar este processo, use as agulhas menores, tricotando dois pontos juntos em toda a carreira e, deste modo, levando o trabalho de volta aos 80 pontos originais.

A carreira inicial é sempre usada ao fim das carreiras intermediárias de ponto meia e tricô simples, quando se volta às agulhas grandes e ao ponto rendado.

Quando começar a segunda faixa intermediária de meia e tricô, assegure-se de que o seu lado meia fique na frente da estola.

Cada vez que eu volto ao ponto do padrão, recordo a simplicidade do padrão-guia da vida, porque, quando nos curvamos diante do mais alto dentro da nossa consciência, podemos nos manter ativamente harmonizados com a beleza e a graça dos ritmos superiores de nossas vidas.

Leia também

O PORTAL DA SABEDORIA

John Blofeld

Dedicado aos que se encontram nos estágios iniciais do "Caminho", este livro alinha entre seus principais objetivos o de elevar a qualidade de vida Aqui e Agora, através da realização da santidade essencial e da prática de algumas atitudes exigidas para uma vida mais significativa.

Iniciando o leitor na arte de viver sabiamente, de acordo com as verdades há milênios ensinadas pelo Taoísmo e pelo Budismo, o autor ajuda o iniciante a atravessar a "Porta do Tao", a "Porta do Caminho", na busca da Sabedoria.

E o faz de uma forma extremamente simples, tendo em vista, sempre, o fato de que está se dirigindo a todos os que procuram uma solução para os ruinosos problemas ambientais, psicológicos e espirituais surgidos em conseqüência do "progresso" desenfreado e das inquietantes invenções da moderna tecnologia.

Os temas, que incluem práticas iogues curativas e a prática de iogas simples para satisfazer as necessidades dos ocidentais, são de grande atualidade, e estão ligados tanto aos problemas do dia-a-dia — como alimentação, sexo, higiene, meio ambiente — como às técnicas básicas para a prática da meditação, sem esquecer o culto da poesia e da música e os aspectos iogues da adivinhação *I Ching*.

Como lembra o autor no prefácio, trata-se de um primeiro passo, sem o qual nenhuma viagem pode ser iniciada, por mais longa que ela seja.

O DESPERTAR DA CONSCIÊNCIA MÍSTICA

Joel S. Goldsmith

Com freqüência, comenta o leitor que descobre os trabalhos de Joel Goldsmith: "Não é como ler um livro, mas como se o Autor estivesse ao nosso lado conversando conosco". No entanto, Goldsmith sempre esteve ao nosso lado, demasiadamente ocupado. Consumiu seu tempo atendendo aos chamados de cura que vinham à noite ou durante o dia, do mundo todo, e ensinando às pessoas que queriam aprender mais sobre a cura e o modo de alcançar a consciência mística. Em 1946, o Autor passou por uma iniciação nos mistérios ocultos da vida — profunda experiência espiritual que o elevou, do reino metafísico, à união mística da unidade consciente com a Fonte da vida. Com essa experiência veio a necessidade de ensinar àqueles que vinham até ele. Daí por diante, Goldsmith foi fortalecido pelo Espírito, que o instruía e conduzia ao trabalho de cada dia —, trabalho que incluiu o atendimento de grande volume de correspondência daqueles que descobriram a sua mensagem e que o procuravam. A mensagem desse Autor é sempre nova e pura; ela saiu diretamente da consciência e foi libertada de maneira natural, simples, direta e poderosa, com a autoridade de quem demonstrou por suas ações a verdade da mensagem que ensinava.

Joel Goldsmith achava-se qualificado para falar e escrever sobre a consciência mística. Seu conhecimento intelectual não resultou de leituras de filosofia especulativa sobre o significado da vida, mas unica e exclusivamente da experiência. Ele foi capaz de revestir sua mensagem de tal simplicidade que só poderia ter advindo da consciência perceptiva da unidade que não admite a dualidade. Para ele, a vida mística significava viver *no mundo,* mas não pertencer a ele, participar de muitas atividades da vida normal reservando-se, todavia, uma área da consciência para descobrir, para além dos limites do mundo objetivo, a realidade espiritual oculta. Ele viu, além do visível, a Origem invisível de toda vida e energia.

EDITORA PENSAMENTO

O CAMINHO DO ASPIRANTE ESPIRITUAL

Angela Maria La Sala Batà

Num estilo bem acessível, a autora apresenta aqui uma bem elaborada série de catorze lições teóricas e práticas destinadas ao aspirante à via espiritual. Aborda com muita propriedade tanto os vícios a evitar ou eliminar como as virtudes a adquirir ou desenvolver. Entre os primeiros vícios a enfrentar coloca o medo sob as suas várias modalidades e, a seguir, explica como corrigi-lo de maneira inteligente, sem choques nem conflitos. De fato, o medo constitui um dos primeiros entraves ao seguimento de uma saudável e segura conduta espiritual triunfante, aliás intimamente associada à nossa vivência presente e futura. Depois enumera as virtudes ou qualidades requeridas, entre as quais aponta a aceitação, a adaptação, a preparação emotiva e mental, o discernimento, todas visando ao preparo e aprimoramento da personalidade e o desenvolvimento e aperfeiçoamento do Eu interno.

Após cada lição vem um questionário à guisa de auto-exame, o que muito pode ajudar a instrução e formação do esforçado aspirante espiritual.

EDITORA PENSAMENTO

Editora Pensamento

Rua Dr. Mário Vicente, 374
04270 São Paulo, SP

Livraria Pensamento

Rua Dr. Rodrigo Silva, 87
01501 São Paulo, SP

Gráfica Pensamento

Rua Domingos Paiva, 60
03043 São Paulo, SP